메시지 | 민수기

THE MESSAGE: Numbers

Eugene H. Peterson

The MESSAGE
민수기

유진 피터슨

복 있는 사람

메시지 | 민수기

2020년 8월 14일 초판 1쇄 인쇄
2020년 8월 21일 초판 1쇄 발행

지은이 유진 피터슨
옮긴이 김순현 윤종석 이종태
감수자 김회권
펴낸이 박종현

도서출판 복 있는 사람
주소 서울특별시 마포구 연남동 246-21 (성미산로23길 26-6)
전화 02-723-7183(편집), 7734(영업·마케팅) 팩스 02-723-7184
이메일 hismessage@naver.com
등록 1998년 1월 19일 제1-2280호

ISBN 978-89-6360-364-3 00230

이 도서의 국립중앙도서관 출판예정도서목록(CIP)은 서지정보유통지원시스템 홈페이지
(http://seoji.nl.go.kr)와 국가자료공동목록시스템(http://www.nl.go.kr/kolisnet)에서
이용하실 수 있습니다. (CIP 제어번호: 2020032378)

차례

일러두기

- 유진 피터슨의 『메시지』 영어 원문을 번역하면서, 한국 교회의 실정과 환경을 고려하여 『메시지』 한글 번역본의 극히 일부분을 의역하거나 문장과 용어를 바꾸었다.

- 유진 피터슨은 『메시지』 영어 원문에서, 유일무이한 하나님의 인격적 이름을 주(LORD) 대신에 대문자 GOD로 번역했다. 따라서 『메시지』 한국어판은 많은 논의와 신학 감수를 거쳐, 원저자의 의도를 반영해 '주'(LORD) 대신에 강조체 '**하나님**'(GOD)으로 표기했다.

- 『메시지』 한국어판의 도량형(길이, 무게, 부피)은 『메시지』 영어 원문을 기초로 하여, 오늘날 우리나라에서 일반적으로 통용되는 단위로 환산해 표기했다.

- 지명, 인명은 대한성서공회에서 발행한 「개역개정」「새번역」 성경의 원칙을 따랐다.

『메시지』를 읽는 독자에게

『메시지』에 독특한 점이 있다면, 현직 목사가 그 본문을 다듬었기 때문일 것이다. 나는 성경의 메시지를 내가 섬기는 사람들의 삶 속에 들여놓는 것을 내게 주어진 일차적 책임으로 받아들이고 성인 인생의 대부분을 살아왔다. 강단과 교단, 가정 성경공부와 산상수련회에서 그 일을 했고, 병원과 양로원에서 대화하면서, 주방에서 커피를 마시고 바닷가를 거닐면서 그 일을 했다. 『메시지』는 40년간의 목회 사역이라는 토양에서 자라난 열매다.

인간의 삶을 만들고 변화시키는 하나님의 말씀은, 내가 『메시지』 작업을 하는 동안 정말로 사람들의 삶을 만들고 변화시켰다. 우리 교회와 공동체라는 토양에 심겨진 말씀의 씨앗은, 싹을 틔우고 자라서 열매를 맺었다. 현재의 『메시지』를 작업할 무렵에는, 내가 수확기의 과수원을 누비며 무성한 가지에서 잘 영근 사과며 복숭아며 자두를 따고 있다는 기분이 들곤 했다. 놀랍게도 성경에는, 내가 목회하는 성도며 죄인인 사람들이 살아 낼 수 없는 말씀, 이 나라와 문화 속에서 진리로 확증되지 않는 말씀이 단 한 페이지도 없었다.

　내가 처음부터 목사였던 것은 아니다. 원래 나는 교사의 길에 들어서서, 몇 년간 신학교에서 성경 원어인 히브리어와 그리스어를 가르쳤다. 남은 평생을 교수와 학자로 가르치고 집필하고 연구하며 살겠거니 생각했었다. 그러다 갑자기 직업을 바꾸어 교회 목회를 맡게 되었다.

　뛰어들고 보니, 교회는 전혀 다른 세계였다. 제일 먼저 눈에 띈 차이는, 아무도 성경에 별로 관심이 없어 보인다는 점이었다. 얼마 전까지만 해도, 사람들은 내게 돈을 내면서까지 성경을 가르쳐 달라고 했는데 말이다. 내가 새로 섬기게 된 사람들 중 다수는, 사실 성경에 대해 아무것도 몰랐다. 성경을 읽은 적도 없었고, 배우려는 마음조차 없었다. 성경을 몇 년씩 읽어 온 사람들도 많았지만, 그들에게 성경은 너무 익숙해서 무미건조하고 진부한 말로 전락해 있었다. 그들은 지루함을 느낀 나머지 성경을 제쳐 둔 상태였다. 그 양쪽 사이에 있는 사람은 많지 않았다. 내가 가장 중요하게 여긴 일은, 성경 말씀을 그 사람들의 머리와 가슴 속에 들여놓아서, 성경의 메시지가 그들의 삶이 되게 하는 것이었다. 그러나 거기에 관심을 갖는 사람은 거의 없었다. 신문과 잡지, 영화와 소설이 그들 입맛에 더 맞았다.

　결국 나는, 바로 그 사람들에게 성경의 메시지를 듣게—정말로 듣게—해주는 일을 내 평생의 본분으로 삼게 되었다. 그것이야말로 확실히 나를 위해 예비된 일이었다.

나는 성경의 세계와 오늘의 세계라는 두 언어 세계에 살고 있었다. 나는 언제나 그 두 세계가 같은 세계인 줄 알았다. 그러나 사람들은 그렇게 보지 않았다. 나는 어쩔 수 없이 "번역가"(당시에는 그런 표현을 쓰지 않았지만)가 되었다. 날마다 그 두 세계의 접경에 서서, 하나님이 우리를 창조하시고 구원하시고 치유하시고 복 주시고 심판하시고 다스리실 때 쓰시는 성경의 언어를, 우리가 잡담하고 이야기하고 길을 알려 주고 사업하고 노래 부르고 자녀에게 말할 때 쓰는 오늘의 언어로 옮긴 것이다.

그렇게 하는 동안, 성경의 원어—강력하고 생생한 히브리어와 그리스어—는 끊임없이 내 설교의 물밑에서 작용했다. 성경의 원어는 단어와 문장을 힘 있고 예리하게 해주고, 내가 섬기는 사람들의 상상력을 넓혀 주었다. 그래서 오늘의 언어 속에서 성경의 언어를 듣고, 성경의 언어 속에서 오늘의 언어를 들을 수 있게 해주었다.

나는 30년간 한 교회에서 그 일을 했다. 그러던 어느 날(1990년 4월 30일이었다), 한 편집자가 내게 편지를 보내 왔다. 그동안 내가 목사로서 해온 일의 연장선에서 새로운 성경 번역본을 집필해 달라는 청탁의 편지였다. 나는 수락했다. 그 후 10년은 수확기였다. 그 열매가 바로 『메시지』다.

『메시지』는 읽는 성경이다. 기존의 탁월한 주석성경을 대체하기 위한 것이 아니다. 내 취지는 간단하다. (일찍이 우리 교회와 공동체에서도 그랬듯이) 성경이 충분히 읽을 수 있

는 책이라는 사실을 모르는 사람들에게 성경을 읽게 해주
고, 성경에 관심을 잃은 지 오래된 사람들에게 성경을 다시
읽게 해주는 것이다. 그렇다고 굳이 내용을 쉽게 하지는 않
았다. 성경에는 이해하기 어려운 부분도 많이 있다. 그래서
『메시지』를 읽다 보면, 더 깊은 연구에 도움이 될 주석성경
을 구하는 일이 조만간 중요하게 여겨질 것이다. 그때까지
는, 일상을 살기 위해 읽으라. 읽으면서 이렇게 기도하라.
"하나님, 말씀하신 대로 내게 이루어지기를 원합니다."

유진 피터슨

민수기 |

참다운 인간 공동체를 이루는 것은 긴 시간이 소요되는 복잡다단하고 번거로운 일이다. 한 개인이 성숙한 인간으로 성장하는 데도 최대한 지혜와 인내와 용기를 발휘해야 한다. 그러나 다른 사람들과 더불어 성장하는 것은, 낯선 사람이나 비열한 원수들은 말할 것도 없고 부모와 형제자매와 이웃들과 더불어 성장하는 것조차도 대단히 복잡한 일이다.

민수기는 그처럼 녹록치 않은 성장 과정 속으로 우리를 밀어 넣는다. 성경의 이 부분에 수록된 사건들을 읽다 보면, 우리는 하나님의 백성에 속하는 것이 어떤 것인지 생생히 실감하게 된다. 하나님의 백성은 하나님을 경외하고, 일상생활에서 사랑과 정의를 실천하고, 자신과 타인 안에 있는 죄를 다룰 줄 알고, 하나님의 명령을 따르면서 복된 미래로 나아가는 인간 공동체를 가리킨다. 이 모든 일에는 환상이 끼어들 여지가 없다.

구름이 성막 위로 올라갈 때면 이스라엘 백성이 행진했고, 구름이 내려와 머물 때면 백성이 진을 쳤다. 이스라엘 백성은 **하나님**의 명령에 따라 행진하고, **하나님**의 명령에 따라 진을 쳤다. 구름이 성막 위에 머무는 동안에는 진을 쳤다. 구름이 성막 위에 여러 날을 머물면, 그들은 **하나님**의 명령에 따라 행진하지 않았다. 구름이 성막 위에 머물러 있는 동안에는 **하나님**의 명령에 순종하여 진 안에 머물렀고, **하나님**께서 명령을 내리시면 곧바로 행진했다. 구름이 해가 질 무렵부터 새벽녘까지 머물다가 동이 틀 무렵에 올라가면, 그들은 행진했다. 밤이든 낮이든 상관없이, 구름이 올라가면 그들은 행진했다. 구름이 성막 위에 이틀을 머물든 한 달을 머물든 한 해를 머물든 상관이 없었다. 구름이 성막 위에 머무는 동안에는 그들도 그 자리에 머물렀다. 그러다가 구름이 올라가면, 그들도 일어나 행진했다. 그들은 **하나님**의 명령에 따라 진을 치고, **하나님**의 명령에 따라 행진했다. 그들은 모세가 전한 **하나님**의 명령에 순종하며 살았다(민 9:17-23).

우리 가운데 상당수는 낭만적으로 묘사된 영성을 마음속에 그리며 좋아한다. 이를테면 "하나님께서 하늘에 계시니 모든 것이 세상과 제대로 어우러지네"(로버트 브라우닝의 '피파의 노래' 일부—옮긴이)와 같은 식의 생각 말이다. 일이 "제대로" 되지 않을 때, 우리는 다른 사람이나 자신을 탓하고, 할수 있는 최선을 다해 상황을 헤쳐 나가고, 종종 성질을 부리고, 다른 시대—아마도 '성경 시대!'—에 태어났더라면 거룩하게 사는 것이 훨씬 쉬웠을 것이라고 생각한다. 하지만 그것은 헛된 생각일 뿐이다. 하나님께 지음받은 인간이 되어 순종하는 믿음과 희생적인 사랑의 삶으로 부름받는다는 것이 무슨 뜻인지를 보여주는 기본 교재인 성경 어디에도, 사는 것이 쉽다거나 '자연스러운 것'이라고 암시하는 대목은 없다. 따라서 우리는 많은 도움이 필요하다.

우리는 조직적인 도움이 필요하다. 공동체 안에서 함께 지낼 때는, 업무를 분담하고 지도자를 임명하고 물품 목록을 갖추어 두어야 한다. 수를 세고 목록을 작성하고 명부를 갖추는 것은 기도와 가르침과 정의만큼이나 하나님의 공동체로 살아가는 데 꼭 필요한 요소다. 정확한 계산법은 하나님의 백성이 갖추어야 할 덕목이다.

우리는 관계의 측면에서도 도움이 필요하다. 우리는 하나님의 부르심과 인도하심과 명령을 받는 사람들이, 싸우고 말다툼하고 불평하고 반역하고 간음하고 도둑질하는 등 많은 죄를 범하는 남녀 무리와 함께 있음을 알게 된다. 함께 살아가는 데는 도움이 필요하다. 하나님의 백성이 되는 데는 사려 깊은 훈련이 필요하다.

수를 세는 일과 다툼이 민수기의 상당 부분을 차지한다. 그것들은 우리가 하나님의 백성이 되는 데 있어서 피할 수 없는 부분이다. 이처럼 결코 낭만적이지 않은 세부사항을 받아들이도록 우리의 상상력을 훈련시켜서, 하나님의 백성이 되어 가는 데 꼭 필요한 책이 바로 민수기다.

민수기

1 ¹⁻⁵ 이스라엘 자손이 이집트에서 나온 이듬해 둘째 달 첫째 날에 **하나님**께서 시내 광야 회막에서 모세에게 말씀하셨다. "너는 가문과 집안별로 이스라엘 백성 온 회중의 수를 세어, 모든 남자의 이름을 명부에 올려라. 너와 아론은 군에 입대해 싸울 수 있는 스무 살 이상 된 남자들을 모두 부대별로 등록시켜야 한다. 각 지파에서 한 사람씩, 곧 지파마다 우두머리를 한 사람씩 뽑아 너희를 돕게 하여라. 너희를 도와줄 사람들의 이름은 이러하다.

르우벤 지파에서는 스데울의 아들 엘리술
⁶ 시므온 지파에서는 수리삿대의 아들 슬루미엘

⁷ 유다 지파에서는 암미나답의 아들 나손

⁸ 잇사갈 지파에서는 수알의 아들 느다넬

⁹ 스불론 지파에서는 헬론의 아들 엘리압

¹⁰ 요셉의 아들들 가운데

에브라임 지파에서는 암미훗의 아들 엘리사마

므낫세 지파에서는 브다술의 아들 가말리엘

¹¹ 베냐민 지파에서는 기드오니의 아들 아비단

¹² 단 지파에서는 암미삿대의 아들 아히에셀

¹³ 아셀 지파에서는 오그란의 아들 바기엘

¹⁴ 갓 지파에서는 드우엘의 아들 엘리아삽

¹⁵ 납달리 지파에서는 에난의 아들 아히라.

¹⁶ 이들은 회중 가운데서 선출된 사람들로, 조상 때부터 내려온 지파들의 지도자들이자 이스라엘 각 부대의 우두머리들이다.

¹⁷⁻¹⁹ 모세와 아론은 자신들을 돕도록 임명된 이 사람들을 데리고, 둘째 달 첫째 날에 온 회중을 불러 모았다. 백성이 자기 가문과 조상의 집안별로 명부에 등록하고, 스무 살 이상 된 남자들의 이름을 명부에 기록했다. **하나님**께서 모세에게 명령하신 대로 한 것이다. 모세는 시내 광야에서 그들의 수를 세었다.

²⁰⁻²¹ 이스라엘의 맏아들 르우벤의 자손 가운데 군에 입대해

싸울 수 있는 스무 살 이상 된 남자로 조상의 가문과 집안별
로 등록된 사람을 하나하나 세었다. 르우벤 지파는 그 수가
46,500명이었다.

22-23 시므온의 자손 가운데 군에 입대해 싸울 수 있는 스무
살 이상 된 남자로 가문과 집안별로 등록된 사람을 하나하
나 세었다. 시므온 지파는 그 수가 59,300명이었다.

24-25 갓의 자손 가운데 군에 입대해 싸울 수 있는 스무 살 이
상 된 남자로 가문과 집안별로 등록된 사람을 하나하나 세
었다. 갓 지파는 그 수가 45,650명이었다.

26-27 유다의 자손 가운데 군에 입대해 싸울 수 있는 스무 살
이상 된 남자로 가문과 집안별로 등록된 사람을 하나하나
세었다. 유다 지파는 그 수가 74,600명이었다.

28-29 잇사갈의 자손 가운데 군에 입대해 싸울 수 있는 스무
살 이상 된 남자로 가문과 집안별로 등록된 사람을 하나하
나 세었다. 잇사갈 지파는 그 수가 54,400명이었다.

30-31 스불론의 자손 가운데 군에 입대해 싸울 수 있는 스무
살 이상 된 남자로 가문과 집안별로 등록된 사람을 하나하
나 세었다. 스불론 지파는 그 수가 57,400명이었다.

32-33 요셉의 아들 에브라임의 자손 가운데 군에 입대해 싸울
수 있는 스무 살 이상 된 남자로 가문과 집안별로 등록된 사
람을 하나하나 세었다. 에브라임 지파는 그 수가 40,500명
이었다.

34-35 요셉의 아들 므낫세의 자손 가운데 군에 입대해 싸울

수 있는 스무 살 이상 된 남자로 가문과 집안별로 등록된 사람을 하나하나 세었다. 므낫세 지파는 그 수가 32,200명이었다.

³⁶⁻³⁷ 베냐민의 자손 가운데 군에 입대해 싸울 수 있는 스무 살 이상 된 남자로 가문과 집안별로 등록된 사람을 하나하나 세었다. 베냐민 지파는 그 수가 35,400명이었다.

³⁸⁻³⁹ 단의 자손 가운데 군에 입대해 싸울 수 있는 스무 살 이상 된 남자로 가문과 집안별로 등록된 사람을 하나하나 세었다. 단 지파는 그 수가 62,700명이었다.

⁴⁰⁻⁴¹ 아셀의 자손 가운데 군에 입대해 싸울 수 있는 스무 살 이상 된 남자로 가문과 집안별로 등록된 사람을 하나하나 세었다. 아셀 지파는 그 수가 41,500명이었다.

⁴²⁻⁴³ 납달리의 자손 가운데 군에 입대해 싸울 수 있는 스무 살 이상 된 남자로 가문과 집안별로 등록된 사람을 하나하나 세었다. 납달리 지파는 그 수가 53,400명이었다.

⁴⁴⁻⁴⁶ 이것은 모세와 아론이 이스라엘 가문을 대표하는 열두 지도자의 도움을 받아 등록시킨 사람들의 수다. 군에 입대해 싸울 수 있는 스무 살 이상 된 사람으로 조상의 가문별로 계수된 이스라엘 백성의 수는, 모두 603,550명이었다.

⁴⁷⁻⁵¹ 그러나 레위인은 다른 지파들과 함께 자기 조상의 가문별로 계수되지 않았다. **하나님께서 모세에게 말씀하셨다.** "레위 지파는 예외다. 그들은 등록시키지 마라. 레위 지파의 수는 세지 않아도 된다. 이스라엘 백성을 대상으로 한 인

구조사에 그들을 포함시키지 마라. 대신 레위인에게 증거판이 보관된 성막과 그 모든 기구와 거기에 딸린 모든 것을 맡게 하여라. 그들은 성막과 그 모든 기구를 나르고 성막을 관리하며 성막 주위에 진을 치고 살아야 한다. 성막을 옮길 때가 되면 레위인이 그것을 거두고, 성막을 세울 때가 되면 레위인이 그것을 세워야 한다. 그들 외에 성막에 가까이 다가오는 자는 죽임을 당할 것이다.

52-53 나머지 이스라엘 백성은 부대별로 자기 진영의 깃발 아래 장막을 쳐야 한다. 그러나 레위인은 증거판이 보관된 성막 주위에 진을 쳐서, 진노가 이스라엘 공동체에 임하지 않게 해야 한다. 레위인의 임무는 증거판이 보관된 성막을 안전하게 지키는 것이다."

54 이스라엘 백성은 **하나님**께서 모세에게 명령하신 모든 것을 행했다. 그들은 그 모든 일을 빠짐없이 행했다.

행진 순서

2 1-2 **하나님**께서 모세와 아론에게 말씀하셨다. "이스라엘 백성은 회막을 에워싸고 둘레에 진을 치되, 회막을 마주 보도록 쳐야 한다. 부대마다 자기 지파를 표시하는 깃발 아래 진을 쳐야 한다.

3-4 동쪽 해 뜨는 쪽에는 유다 지파의 진영에 속한 부대들이 그 진영의 깃발 아래 진을 친다. 유다 지파의 지휘관은 암미나답의 아들 나손이며, 그가 이끌 병력의 수는 74,600명이다.

5-6 잇사갈 지파는 유다 지파 옆에 진을 친다. 잇사갈 지파의 지휘관은 수알의 아들 느다넬이며, 그가 이끌 병력의 수는 54,400명이다.

7-8 스불론 지파도 유다 지파 옆에 진을 친다. 스불론 지파의 지휘관은 헬론의 아들 엘리압이며, 그가 이끌 병력의 수는 57,400명이다.

9 유다 진영에 배속된 각 부대의 군사 수는 모두 186,400명이다. 이들이 선두에 서서 행진할 것이다."

10-11 "남쪽에는 르우벤 지파의 진영에 속한 부대들이 그 진영의 깃발 아래 진을 친다. 르우벤 지파의 지휘관은 스데울의 아들 엘리술이며, 그가 이끌 병력의 수는 46,500명이다.

12-13 시므온 지파는 르우벤 지파 옆에 진을 친다. 시므온 지파의 지휘관은 수리삿대의 아들 슬루미엘이며, 그가 이끌 병력의 수는 59,300명이다.

14-15 갓 지파도 르우벤 지파 옆에 진을 친다. 갓 지파의 지휘관은 드우엘의 아들 엘리아삽이며, 그가 이끌 병력의 수는 45,650명이다.

16 르우벤 진영에 배속된 각 부대의 군사 수는 모두 151,450명이다. 이들이 두 번째로 행진한다."

17 "회막은 레위인의 진영과 함께 행진 대열의 중앙에 위치한다. 각 지파가 진을 친 순서대로 행진하되, 각자 자기 깃

발을 따라 행진한다."

18-19 "서쪽에는 에브라임 지파의 진영에 속한 부대들이 그 진영의 깃발 아래 진을 친다. 에브라임 지파의 지휘관은 암미훗의 아들 엘리사마이며, 그가 이끌 병력의 수는 40,500명이다.

20-21 므낫세 지파는 에브라임 지파 옆에 진을 친다. 므낫세 지파의 지휘관은 브다술의 아들 가말리엘이며, 그가 이끌 병력의 수는 32,200명이다.

22-23 베냐민 지파도 에브라임 지파 옆에 진을 친다. 베냐민 지파의 지휘관은 기드오니의 아들 아비단이며, 그가 이끌 병력의 수는 35,400명이다.

24 에브라임 진영에 배속된 각 부대의 군사 수는 모두 108,100명이다. 이들이 세 번째로 행진한다."

25-26 "북쪽에는 단 지파의 진영에 속한 부대들이 그 진영의 깃발 아래 진을 친다. 단 지파의 지휘관은 암미삿대의 아들 아히에셀이며, 그가 이끌 병력의 수는 62,700명이다.

27-28 아셀 지파는 단 지파 옆에 진을 친다. 아셀 지파의 지휘관은 오그란의 아들 바기엘이며, 그가 이끌 병력의 수는 41,500명이다.

29-30 납달리 지파도 단 지파 옆에 진을 친다. 납달리 지파의 지휘관은 에난의 아들 아히라이며, 그가 이끌 병력의 수는

53,400명이다.

³¹ 단 진영에 배속된 각 부대의 군사 수는 모두 157,600명이다. 이들은 자기 진영의 깃발 아래 행진 대열의 맨 마지막에 자리를 잡고 출발한다."

³²⁻³³ 이들은 자기 조상의 가문에 따라 계수된 이스라엘 백성이다. 모든 진영에서 부대별로 계수된 군사 수는 모두 603,550명에 달했다. 그러나 **하나님**께서 모세에게 내리신 명령에 따라, 레위인은 나머지 이스라엘 자손과 함께 계수되지 않았다.

³⁴ 이스라엘 백성은 **하나님**께서 모세에게 명령하신 대로 모두 행했다. 그들은 각각 자기 진영의 깃발 아래 진을 치고, 자기 조상의 가문과 함께 지파별로 행진했다.

레위인

3

¹ **하나님**께서 시내 산에서 모세와 말씀하시던 때에 아론과 모세의 족보는 이러하다.

²⁻⁴ 아론의 아들들의 이름은 맏아들 나답, 그 아래로 아비후, 엘르아살, 이다말이다. 이들은 제사장으로 섬기도록 위임받고, 기름부음을 받은 제사장들이다. 그러나 나답과 아비후는 시내 광야에서 규정에 어긋난 제물을 **하나님**께 드리다가 **하나님** 앞에서 죽었다. 그들이 아들 없이 죽었으므로, 엘르아살과 이다말이 아버지 아론이 살아 있는 동안 제사장 직

무를 수행했다.

5-10 **하나님**께서 모세에게 말씀하셨다. "너는 레위 지파를 앞으로 나오게 하여라. 그들을 아론에게 맡겨 그를 돕게 하여라. 그들은 성막 일을 수행하여 회막 앞에서 아론과 온 회중을 위해 일하게 될 것이다. 그들의 임무는 성막의 모든 기구를 책임지고, 이스라엘 백성이 의무를 다하기 위해 나아올 때 성막 일을 수행하는 것이다. 너는 레위인을 아론과 그의 아들들에게 맡겨라. 그들은 전적으로 아론을 위해 일하도록 임명된 사람들이다. 아론과 그의 아들들을 세워 제사장 직무를 수행하게 하여라. 누구든지 다른 사람이 그를 밀치고 들어오려고 하다가는 죽임을 당할 것이다."

11-13 **하나님**께서 모세에게 말씀하셨다. "나는 이스라엘 백성 가운데서 레위인을 택하여, 모든 이스라엘 어머니의 맏아들을 대신하게 했다. 레위인은 나의 것이다. 처음 태어난 것은 모두 나의 것이다. 내가 이집트에서 처음 태어난 것을 모두 죽여 없애던 때에, 사람이든 짐승이든 이스라엘에서 처음 태어난 것은 모두 거룩하게 구별하여 나의 것으로 삼았다. 그들은 나의 것이다. 나는 **하나님**이다."

14-16 **하나님**께서 시내 광야에서 모세에게 말씀하셨다. "레위 자손의 수를 조상의 가문과 집안별로 세어라. 태어난 지 한 달 이상 된 남자의 수를 모두 세어라." 모세는 **하나님**께서 지시하신 대로 그들의 수를 세었다.

17 레위의 아들들의 이름은 게르손, 고핫, 므라리다.

¹⁸ 게르손의 아들들의 이름은 가문별로 립니, 시므이다.

¹⁹ 고핫의 아들들은 가문별로 아므람, 이스할, 헤브론, 웃시엘이다.

²⁰ 므라리의 아들들은 가문별로 마흘리, 무시다.

이는 가문별로 살펴본 레위의 자손이다.

²¹⁻²⁶ 게르손은 립니 가문과 시므이 가문의 조상이다. 이들은 게르손 가문으로 알려졌다. 그들 중 태어난 지 한 달 이상 된 남자의 수는 모두 7,500명이었다. 게르손 자손은 성막 뒤편 서쪽에 진을 쳤으며, 라엘의 아들 엘리아삽이 그들을 이끌었다. 게르손 자손이 회막에서 맡은 일은 성막과 장막과 그 덮개, 회막 입구를 가리는 막, 뜰의 휘장, 성막과 제단을 둘러싼 뜰의 입구를 가리는 막, 여러 가지 줄, 그 밖에 이와 관련된 모든 일을 관리하는 것이었다.

²⁷⁻³² 고핫은 아므람 가문과 이스할 가문과 헤브론 가문과 웃시엘 가문의 조상이다. 이들은 고핫 가문으로 알려졌다. 그들 중 태어난 지 한 달 이상 된 남자의 수는 모두 8,600명이었다. 고핫 자손은 성소를 맡았다. 고핫 자손은 성막 남쪽에 진을 쳤으며, 웃시엘의 아들 엘리사반이 그들을 이끌었다. 그들이 맡은 일은 증거궤와 상과 등잔대와 제단들, 예식에 쓰는 성소의 물품과 휘장, 그 밖에 이와 관련된 모든 일을 관리하는 것이었다. 제사장 아론의 아들 엘르아살이 레위인의 지도자들과 성소 맡은 이들을 감독했다.

³³⁻³⁷ 므라리는 마흘리 가문과 무시 가문의 조상이다. 이들은

므라리 가문으로 알려졌다. 그들 중 태어난 지 한 달 이상 된 남자의 수는 모두 6,200명이었다. 그들은 성막 북쪽에 진을 쳤으며, 아비하일의 아들 수리엘이 그들을 이끌었다. 므라리 자손이 맡은 일은 성막의 널판과 가로다지, 기둥, 밑받침, 성막에 딸린 모든 기구와 이와 관련된 모든 물건을 책임지고, 뜰 둘레에 세우는 기둥과 밑받침, 장막 말뚝과 여러 가지 줄을 관리하는 것이었다.

³⁸ 모세와 아론과 그의 아들들은 성막 동쪽, 곧 회막 앞 해 뜨는 쪽에 진을 쳤다. 그들이 맡은 일은 이스라엘 백성을 위해 성소를 관리하고 예배 의식을 거행하는 것이었다. 이들 외에 이 직무를 수행하려고 한 사람은 누구든지 죽임을 당했다.

³⁹ **하나님**의 명령에 따라 모세와 아론이 가문별로 계수한 레위인, 곧 태어난 지 한 달 이상 된 남자의 수는 모두 22,000명이었다.

⁴⁰⁻⁴¹ **하나님**께서 모세에게 말씀하셨다. "이스라엘 백성 가운데서 태어난 지 한 달 이상 된 모든 맏아들의 수를 세어라. 그들의 이름을 명부에 올려라. 이스라엘 백성의 모든 맏아들 대신에 레위인을 나의 것으로 따로 떼어 놓아라. 기억하여라. 나는 **하나님**이다. 이스라엘 백성의 가축 대신에 레위인의 가축을 나의 것으로 따로 떼어 놓아라. 나는 **하나님**이다."

⁴²⁻⁴³ 모세는 **하나님**께서 명령하신 대로, 이스라엘 백성의 모든 맏아들의 수를 세었다. 태어난 지 한 달 이상 된 맏아들, 곧 명부에 이름을 올린 맏아들의 수는 모두 22,273명이었다. ⁴⁴⁻⁴⁸ **하나님**께서 다시 모세에게 말씀하셨다. "너는 이스라엘 백성의 모든 맏아들 대신에 레위인을 택하고, 이스라엘 백성의 가축 대신에 레위인의 가축을 택하여라. 레위인은 나의 것이다. 나는 **하나님**이다. 이스라엘 자손의 맏아들 가운데서 레위인의 수를 초과하는 273명을 대속하되, (이십 게라가 일 세겔인) 성소 세겔로 한 사람에 오 세겔씩 거두어 대속하여라. 이렇게 거둔 돈을 레위인의 수를 초과하는 이스라엘 자손을 대속하는 값으로 아론과 그의 아들들에게 주어라." ⁴⁹⁻⁵¹ 모세는 레위인이 대속한 사람들의 수를 초과한 이들에게서 대속의 값을 거두었다. 그는 이스라엘 자손의 맏아들 273명에게서 성소 세겔로 은 1,365세겔을 거두었다. **하나님**께서 말씀하신 대로 모세는 그 대속의 값을 아론과 그의 아들들에게 주었다. 그는 이렇게 **하나님**께서 명령하신 대로 행했다.

고핫 자손의 임무

4 ¹⁻³ **하나님**께서 모세와 아론에게 말씀하셨다. "레위 자손 가운데서 고핫 자손의 수를 가문과 집안별로 세어라. 서른 살에서 쉰 살까지 회막 일을 할 만한 남자의

수를 모두 세어라.

4 고핫 자손이 회막에서 맡을 일은, 지극히 거룩한 것들을 보살피는 것이다.

5-6 진이 출발하려고 할 때, 아론과 그의 아들들은 안으로 들어가서 칸막이 휘장을 내리고 그것으로 증거궤를 덮어야 한다. 그 위에 돌고래 가죽을 덮고, 또 그 위에 튼튼한 청색 천을 덮은 다음 채를 꿰어야 한다.

7-8 임재의 빵을 차려 놓는 상 위에 청색 보자기를 펴고, 그 위에 접시와 향 담는 그릇과 대접과 부어 드리는 제물을 담는 주전자를 두고, 늘 차려 놓는 빵도 그 위에 놓아두어라. 이것들을 주홍색 보자기로 덮고, 그 위에 돌고래 가죽을 덮은 다음 채를 꿰어야 한다.

9-10 빛을 내는 등잔대와 등잔들, 심지 자르는 가위와 재를 담는 접시, 등잔대에 딸린 기름 단지들을 청색 보자기로 덮은 다음, 이 모든 것을 돌고래 가죽 덮개로 싸서 들것 위에 얹어야 한다.

11 금제단 위에 청색 보자기를 펴고 그 위에 돌고래 가죽을 덮어서 들것 위에 얹어야 한다.

12 성소에서 섬길 때 쓰는 온갖 기구를 가져다가 청색 보자기에 싸고 돌고래 가죽을 덮은 다음 들것 위에 얹어야 한다.

13-14 제단의 재를 치우고 그 위에 자주색 보자기를 펴고, 거기에다 제단에서 예식을 거행할 때 쓰는 온갖 기구, 곧 화로와 고기 집게와 부삽과 쟁반 등 제단에서 쓰는 모든 기구를

얹고, 그 위에 돌고래 가죽을 덮은 다음 채를 꿰어야 한다.

15 아론과 그의 아들들이 모든 거룩한 비품과 기구를 싸는 일을 마치고 진영이 출발할 준비가 되면, 고핫 자손이 와서 그것들을 들고 날라야 한다. 이때 그 거룩한 물건들을 만져서는 안된다. 만졌다가는 죽을 것이다. 고핫 자손이 맡은 임무는 회막 안에 있는 모든 물건을 들고 나르는 것이다.

16 제사장 아론의 아들 엘르아살은 등불에 쓰는 기름, 향기로운 향, 매일 바치는 곡식 제물, 거룩하게 구별하는 기름을 맡아야 한다. 또한 그는 성막 전체와 성막의 거룩한 비품과 기구를 포함한 성막 안의 모든 것을 맡아야 한다."

17-20 하나님께서 모세와 아론에게 말씀하셨다. "고핫 자손의 가문들이 레위인 가운데서 끊어지지 않게 하여라. 그들이 지극히 거룩한 것에 가까이 갈 때 죽지 않고 살도록 그들을 보호하여라. 그들을 보호하기 위해, 아론과 그의 아들들이 그들보다 먼저 성소 안으로 들어가서 각 사람이 해야 할 일과 날라야 할 것을 정해 주어야 한다. 고핫 자손은 성소에 들어가서 거룩한 것들을 보아서는 안된다. 잠깐이라도 보았다가는 죽을 것이다."

게르손 자손의 임무

21-23 하나님께서 모세에게 말씀하셨다. "게르손 자손의 수를 조상의 가문과 집안별로 세어라. 서른 살에서 쉰 살까지 회막 일을 할 만한 남자의 수를 모두 세어라.

24-28 게르손 자손의 가문과 집안은 무거운 짐을 나르는 일로 섬길 것이다. 그들은 성소와 회막의 휘장들, 장막 덮개와 그 위에 씌우는 돌고래 가죽 덮개, 회막 입구를 가리는 막, 거기에 딸린 여러 가지 줄, 그 밖에 성소에서 섬길 때 쓰는 모든 기구를 나르고, 이와 관련된 일을 해야 한다. 그들은, 아론과 그 아들들의 감독 아래 짐을 들어 올리고 나르고 옮기는 모든 일을 수행해야 한다. 너는 그들이 날라야 할 것을 분명하게 정해 주어라. 이것은 게르손 자손이 회막에서 할 일이다. 제사장 아론의 아들 이다말이 그들의 일을 감독할 것이다."

므라리 자손의 임무

29-30 "므라리 자손의 수를 조상의 집안별로 세어라. 서른 살에서 쉰 살까지 회막 일을 할 만한 남자의 수를 모두 세어라. 31-33 그들이 회막에서 맡을 일은 성막의 널판과 가로다지, 기둥과 밑받침, 뜰 둘레에 세우는 기둥과 밑받침, 장막 말뚝과 여러 가지 줄, 그리고 이것들을 사용하는 것과 관련된 모든 기구를 나르는 것이다. 너는 각 사람이 날라야 할 것을 정확하게 정해 주어라. 이것은 므라리 자손이 회막에서 제사장 아론의 아들 이다말의 감독 아래 해야 할 일이다."

34-37 모세와 아론과 회중의 지도자들은 고핫 자손의 수를 가

문과 집안별로 세었다. 서른 살에서 쉰 살까지 회막 일을 하러 온 남자의 수를 가문별로 세어 보니, 모두 2,750명이었다. 이는 회막에서 섬긴 고핫 자손의 전체 수다. 모세와 아론은 **하나님**께서 모세를 통해 명령하신 대로 그들의 수를 세었다.

38-41 게르손 자손의 수도 가문과 집안별로 세었다. 서른 살에서 쉰 살까지 회막 일을 하러 온 남자의 수를 가문과 집안별로 세어 보니, 모두 2,630명이었다. 이는 회막에서 섬긴 게르손 자손의 전체 수다. 모세와 아론은 **하나님**께서 명령하신 대로 그들의 수를 세었다.

42-45 므라리 자손의 수도 가문과 집안별로 세었다. 서른 살에서 쉰 살까지 회막 일을 하러 온 남자의 수를 가문별로 세어 보니, 모두 3,200명이었다. 이는 므라리 자손 가운데서 계수된 사람의 전체 수다. 모세와 아론은 **하나님**께서 모세를 통해 명령하신 대로 그들의 수를 세었다.

46-49 모세와 아론과 이스라엘의 지도자들은 모든 레위인의 수를 가문과 집안별로 세었다. 서른 살에서 쉰 살까지 회막 운반 작업을 하러 온 남자의 수는 모두 8,580명이었다. 모세는 **하나님**께서 명령하신 대로 각 사람이 할 일을 정해 주고 날라야 할 것을 일러 주었다.

이것은 **하나님**께서 모세에게 명령하신 대로, 이스라엘 자손의 수를 계수한 이야기다.

5 ¹⁻³ **하나님**께서 모세에게 말씀하셨다. "너는 이스라엘 백성에게 명령하여, 악성 피부병에 걸린 사람, 고름을 흘리는 사람, 주검에 닿아 부정하게 된 사람을 진 안에 머물지 못하게 하여라. 남자와 여자 가리지 말고 똑같이 내보내라. 그들을 진 밖으로 내보내어, 내가 그들 가운데 머물고 있는 진을 더럽히지 못하게 하여라."

⁴ 이스라엘 백성은 그대로 행하여 그들을 진 안에 머물지 못하게 했다. 그들은 **하나님**께서 모세를 통해 명령하신 대로 행했다.

⁵⁻¹⁰ **하나님**께서 모세에게 말씀하셨다. "너는 이스라엘 백성에게 이렇게 일러 주어라. 남자든 여자든 어떤 잘못을 저질렀으면, 그 사람은 **하나님**과의 신뢰 관계를 끊은 것이므로 유죄다. 그는 반드시 자기 잘못을 고백해야 한다. 또한 그는 피해자에게 전액을 보상하고 거기에 오분의 일을 더해서 갚아야 한다. 그러나 피해자에게 보상을 받을 가까운 친척이 없으면, 그 보상은 **하나님**의 것이므로 속죄에 쓰는 숫양과 함께 제사장에게 주어야 한다. 이스라엘 백성이 제사장에게 가져오는 거룩한 제물은 모두 제사장의 것이다. 각 사람이 가져온 거룩한 제물은 그 사람의 것이지만, 일단 제사장에게 준 것은 제사장의 것이 된다."

✤

11-15 **하나님**께서 모세에게 말씀하셨다. "이스라엘 백성에게 이렇게 일러 주어라. 한 남자의 아내가 바람을 피우고, 남편을 배신한 채 다른 남자와 잠자리를 같이하여 자기 몸을 더럽혔는데도 남편이 그 사실을 전혀 알아채지 못했다고 하자. 목격자도 없고 현장에서 잡힌 것도 아닌데 남편이 질투심에 사로잡혀 자기 아내가 부정하다고 의심할 경우, 또는 아내가 결백한데도 남편이 근거 없는 질투심에 사로잡혀 의심할 경우, 남편은 자기 아내를 제사장에게 데려가야 한다. 그는 자기 아내를 위해 보릿가루 2리터를 제물로 가져가야 한다. 그 제물에는 기름을 부어서도 안되고 향을 섞어서도 안된다. 그것은 질투 때문에 바친 곡식 제물, 죄를 밝히기 위해 바친 제물이기 때문이다.

16-22 제사장은 그 여자를 데려다가 **하나님** 앞에 세워야 한다. 그리고 옹기항아리에 거룩한 물을 담아다가 성막 바닥에서 흙먼지 얼마를 긁어 그 물에 타야 한다. 제사장은 그 여자를 **하나님** 앞에 세운 다음 그 여자에게 머리를 풀게 하고, 진상 규명의 제물, 곧 질투 때문에 바친 곡식 제물을 그 여자의 두 손에 얹어 놓아야 한다. 제사장은 저주를 전하는 쓴 물을 손에 들고 그 여자에게 맹세시키면서 이렇게 말해야 한다. '그대가 다른 남자와 잠자리를 같이한 적이 없고 그대가 남편과 결혼생활을 하는 동안에 바람을 피워 몸을

더럽힌 일이 없으면, 저주를 전하는 이 쓴 물이 그대를 해치지 않을 것이오. 그러나 그대가 남편과 결혼생활을 하는 동안에 바람을 피우고 그대의 남편 외에 다른 남자와 잠자리를 같이하여 자기 몸을 더럽혔으면—이 대목에서 제사장은 그 여자를 다음과 같이 저주해야 한다—**하나님**께서 그대의 자궁을 오그라들게 하시고 그대의 배를 부풀어 오르게 하셔서, 그대의 백성이 그대를 저주하고 욕하게 하실 것이오. 저주를 전하는 이 물이 그대의 몸속에 들어가서, 그대의 배를 부풀어 오르게 하고 그대의 자궁을 오그라들게 할 것이오.' 그러면 그 여자는 '아멘, 아멘' 하고 말해야 한다.

23-28 제사장은 이 저주의 말을 두루마리에 적어서, 쓴 물에 그 글자를 씻은 다음, 저주를 전하는 쓴 물을 그 여자에게 주어야 한다. 이 물은 그 여자의 몸속에 들어가 심한 통증을 일으킬 것이다. 제사장은 그 여자의 손에서 질투 때문에 바친 곡식 제물을 한 움큼 받아, **하나님** 앞에 흔들어 바치고 제단으로 가져가야 한다. 제사장은 또 곡식 제물을 한 움큼 쥐고, 그것을 진상 규명의 제물로 삼아 제단 위에서 불살라 바쳐야 한다. 그런 다음 여자에게 그 물을 마시게 해야 한다. 저주를 전하는 물을 마셨을 때, 그 여자가 자기 남편을 배반하고 몸을 더럽힌 일이 있으면, 그 물이 그 여자의 몸속에 들어가 심한 통증을 일으킬 것이다. 그 여자의 배가 부풀어 오르고 자궁이 오그라들 것이다. 그 여자는 자기 백성 가운데서 저주를 받을 것이다. 그러나 그 여자가 자기 몸을 더

럽힌 일이 없고 결백하면, 자신의 오명을 씻고 아이도 가질
수 있게 될 것이다.

²⁹⁻³¹ 이것은 질투에 관한 법으로, 한 여자가 남편과 결혼생
활을 하는 동안 바람을 피우고 자기 몸을 더럽혔거나, 남편
이 아내를 의심하여 질투심에 사로잡혔을 경우에 적용되는
법이다. 제사장은 그 여자를 **하나님** 앞에 세우고 이 모든 절
차를 그 여자에게 적용해야 한다. 그러면 남편은 죄를 면하
고, 그 여자는 자기 죄값을 치르게 될 것이다."

나실인 서원

6 ¹⁻⁴ **하나님**께서 모세에게 말씀하셨다. "너는 이스라
엘 백성에게 전하여라. 그들에게 이렇게 일러 주어
라. 남자든 여자든 너희가 자신을 거룩하게 구별하여 **하나
님**에게 완전히 바치겠다는 특별 서원, 곧 나실인 서원을 하
려고 할 경우, 너희는 포도주와 맥주를 마셔서는 안된다. 취
하게 하는 음료는 무엇이든 마셔서는 안된다. 포도즙도 안
되고, 포도나 건포도를 먹어서도 안된다. 나실인으로 헌신
하는 기간 내내 포도나무에서 취한 것은 어떤 것도 먹어서
는 안된다. 포도 씨나 포도 껍질을 먹어서도 안된다.

⁵ 헌신하는 기간 동안 너희는 머리털을 깎아서는 안된다. 긴
머리는 **하나님**에게 거룩하게 구별되었음을 알리는 지속적
인 표가 될 것이다.

⁶⁻⁷ 또한 **하나님**에게 자신을 구별해 바치기로 한 기간 동안

주검에 가까이 가서도 안된다. 너희 아버지나 어머니, 너희 형제나 누이의 주검이더라도, 너희는 그것으로 자기 몸을 더럽혀서는 안된다. 하나님에게 자신을 구별해 바쳤음을 알리는 표가 너희 머리에 있기 때문이다.

8 헌신하는 기간 동안 너희는 **하나님**에게 거룩해야 한다.

9-12 누가 갑자기 너희 곁에서 죽어 너희가 구별해 바친 머리털이 더럽혀졌을 경우, 너희는 자신을 정결하게 하는 날, 곧 칠 일째 되는 날에 머리털을 깎아야 한다. 팔 일째 되는 날에는 산비둘기 두 마리나 집비둘기 두 마리를 회막 입구로 가져와서 제사장에게 주어야 한다. 그러면 제사장은 한 마리는 속죄 제물로, 다른 한 마리는 번제물로 바쳐, 주검 때문에 더럽혀진 너희를 정결하게 할 것이다. 그날로 너희는 다시 자기 머리를 거룩하게 하고, 너희 자신을 나실인으로 다시 **하나님**에게 구별해 바치고, 일 년 된 어린양을 보상 제물로 가져와야 한다. 너희는 처음부터 다시 시작해야 한다. 너희의 헌신이 더럽혀졌으므로, 지나간 날은 날수로 세지 않는다.

13-17 너희가 **하나님**에게 자신을 구별해 바치기로 한 기간이 다 찼을 때를 위한 법은 이러하다. 먼저, 너희는 회막 입구로 가서 너희의 제물을 **하나님**에게 바쳐야 한다. 일 년 된 건강한 어린 숫양 한 마리는 번제물로 바치고, 일 년 된 건강한 암양 한 마리는 속죄 제물로, 건강한 숫양 한 마리는 화목 제물로 바쳐야 한다. 또 고운 곡식 가루로 만든 누룩을 넣지

않은 빵과 고운 곡식 가루에 기름을 섞어 만든 빵과 기름을 발라 만든 과자 한 바구니를 바치고, 곡식 제물과 부어 드리는 제물도 바쳐야 한다. 제사장은 **하나님**에게 나아가 너희의 속죄 제물과 번제물을 바쳐야 한다. 누룩을 넣지 않은 빵 한 바구니와 함께 숫양을 **하나님**에게 화목 제물로 바치고, 마지막으로 곡식 제물과 부어 드리는 제물을 바쳐야 한다.

18 너희가 구별해 바친 자신의 머리털을 회막 입구에서 깎고, 그 깎은 머리털은 화목 제물 밑에 타고 있는 불 속에 넣어라.

19-20 너희가 구별해 바친 머리털을 깎고 나면, 제사장은 삶은 숫양의 어깨와 누룩을 넣지 않은 빵 한 개와 과자 한 개를 바구니에서 가져와서, 너희의 두 손에 얹어 놓아야 한다. 제사장은 그것들을 흔들어 바치는 제물로 **하나님** 앞에 흔들어 바쳐야 한다. 그것들은 거룩한 것이므로, 흔들어 바친 가슴과 들어 올려 바친 넓적다리와 함께 제사장의 소유가 된다. 그제야 너희는 포도주를 마실 수 있다.

21 이것은 나실인이 지켜야 할 법으로, 그가 따로 바치는 제물 외에 자신을 구별해 바치기로 서원하고 **하나님**에게 제물을 바칠 때 지켜야 할 지침이다. 그는 나실인이 지켜야 할 법에 따라 서원한 것은 그대로 실행에 옮겨야 한다."

아론의 축복

22-23 **하나님**께서 모세에게 말씀하셨다. "너는 아론과 그의

아들들에게, '너희는 이스라엘 백성에게 이렇게 축복해야 한다'고 일러 주어라.

24 **하나님**께서 여러분에게 복을 내리시고 여러분을 지켜 주시기를,
25 **하나님**께서 여러분에게 미소 지으시고 은혜 베푸시기를,
26 **하나님**께서 여러분의 얼굴에서 눈을 떼지 않으시고 여러분을 형통케 해주시기를 빕니다.

27 이렇게 하여, 그들이 나의 이름을 이스라엘 백성 위에 두게 하여라.
그러면 내가 나의 이름을 확인하고 그들에게 복을 내릴 것이다."

지도자들이 드린 봉헌 제물

7 1 모세는 성막 세우는 일을 마친 뒤에 성막에 기름을 발라, 성막과 거기에 딸린 모든 기구를 거룩하게 구별했다. 제단과 거기에 딸린 기구에도 기름을 발라 거룩하게 구별했다.
2-3 인구조사를 수행한 이스라엘의 지도자들, 곧 각 지파의 우두머리들이 제물을 가져왔다. 덮개 있는 수레 여섯 대와 수소 열두 마리를 **하나님** 앞에 드렸는데, 수레는 지도자 두 사람에 한 대씩, 수소는 지도자 한 사람에 한 마리씩이었다.

4-5 **하나님**께서 모세에게 말씀하셨다. "너는 이 제물들을 받아 회막을 운반하는 데 사용하여라. 그것들을 레위인에게 주어, 그들의 일에 필요한 대로 쓰게 하여라."

6-9 모세는 수레와 수소들을 받아 레위인에게 주었다. 수레 두 대와 수소 네 마리는 게르손 자손에게 주어 그들의 일에 쓰게 하고, 수레 네 대와 수소 여덟 마리는 므라리 자손에게 주어 그들의 일에 쓰게 했다. 그들은 모두 제사장 아론의 아들 이다말의 감독을 받았다. 모세는 고핫 자손에게는 아무것도 주지 않았다. 고핫 자손은 자신들이 맡은 거룩한 것들을 어깨에 메고 직접 날라야 했기 때문이다.

10-11 제단에 기름을 부어 거룩하게 구별하던 날, 지도자들이 제단 봉헌을 위한 제물을 가져와 제단 앞에 드렸다. **하나님**께서 모세에게 "날마다 지도자 한 사람씩 제단 봉헌을 위한 제물을 바쳐야 한다"고 말씀하셨기 때문이다.

12-13 첫째 날에는 유다 지파 암미나답의 아들 나손이 제물을 가져왔다. 그가 드린 제물은 이러하다.

(성소 표준 중량으로) 무게가 1,430그램인 은쟁반 하나와 무게가 770그램인 은대접 하나. 이 두 그릇에는 곡식 제물로 드릴 기름 섞은 고운 곡식 가루가 가득 담겨 있었다.

14 무게가 110그램인 금접시 하나. 이 그릇에는 향이 가득 담겨 있었다.

15 번제물로 드릴 수송아지 한 마리, 숫양 한 마리, 일 년 된 어린 숫양 한 마리.

¹⁶ 속죄 제물로 드릴 숫염소 한 마리.

화목 제물로 드릴 수소 두 마리, 숫양 다섯 마리, 숫염소 다섯 마리, 일 년 된 어린 숫양 다섯 마리.

¹⁷ 이것이 암미나답의 아들 나손이 드린 제물이다.

¹⁸⁻²³ 둘째 날에는 잇사갈의 지도자, 수알의 아들 느다넬이 제물을 가져왔다. 그가 드린 제물은 이러하다.

(성소 표준 중량으로) 무게가 1,430그램인 은쟁반 하나와 무게가 770그램인 은대접 하나. 이 두 그릇에는 곡식 제물로 드릴 기름 섞은 고운 곡식 가루가 가득 담겨 있었다.

무게가 110그램인 금접시 하나. 이 그릇에는 향이 가득 담겨 있었다.

번제물로 드릴 수송아지 한 마리, 숫양 한 마리, 일 년 된 어린 숫양 한 마리.

속죄 제물로 드릴 숫염소 한 마리.

화목 제물로 드릴 수소 두 마리, 숫양 다섯 마리, 숫염소 다섯 마리, 일 년 된 어린 숫양 다섯 마리.

이것이 수알의 아들 느다넬이 드린 제물이다.

²⁴⁻²⁹ 셋째 날에는 스불론 자손의 지도자, 헬론의 아들 엘리압이 제물을 가져왔다. 그가 드린 제물은 이러하다.

(성소 표준 중량으로) 무게가 1,430그램인 은쟁반 하나와 무게가 770그램인 은대접 하나. 이 두 그릇에는 곡식 제물로

드릴 기름 섞은 고운 곡식 가루가 가득 담겨 있었다.

무게가 110그램인 금접시 하나. 이 그릇에는 향이 가득 담겨 있었다.

번제물로 드릴 수송아지 한 마리, 숫양 한 마리, 일 년 된 어린 숫양 한 마리.

속죄 제물로 드릴 숫염소 한 마리.

화목 제물로 드릴 수소 두 마리, 숫양 다섯 마리, 숫염소 다섯 마리, 일 년 된 어린 숫양 다섯 마리.

이것이 헬론의 아들 엘리압이 드린 제물이다.

30-35 넷째 날에는 르우벤 자손의 지도자, 스데울의 아들 엘리술이 제물을 가져왔다. 그가 드린 제물은 이러하다.

(성소 표준 중량으로) 무게가 1,430그램인 은쟁반 하나와 무게가 770그램인 은대접 하나. 이 두 그릇에는 곡식 제물로 드릴 기름 섞은 고운 곡식 가루가 가득 담겨 있었다.

무게가 110그램인 금접시 하나. 이 그릇에는 향이 가득 담겨 있었다.

번제물로 드릴 수송아지 한 마리, 숫양 한 마리, 일 년 된 어린 숫양 한 마리.

속죄 제물로 드릴 숫염소 한 마리.

화목 제물로 드릴 수소 두 마리, 숫양 다섯 마리, 숫염소 다섯 마리, 일 년 된 어린 숫양 다섯 마리.

이것이 스데울의 아들 엘리술이 드린 제물이다.

36-41 다섯째 날에는 시므온 자손의 지도자, 수리삿대의 아들 슬루미엘이 제물을 가져왔다. 그가 드린 제물은 이러하다. (성소 표준 중량으로) 무게가 1,430그램인 은쟁반 하나와 무게가 770그램인 은대접 하나. 이 두 그릇에는 곡식 제물로 드릴 기름 섞은 고운 곡식 가루가 가득 담겨 있었다.

무게가 110그램인 금접시 하나. 이 그릇에는 향이 가득 담겨 있었다.

번제물로 드릴 수송아지 한 마리, 숫양 한 마리, 일 년 된 어린 숫양 한 마리.

속죄 제물로 드릴 숫염소 한 마리.

화목 제물로 드릴 수소 두 마리, 숫양 다섯 마리, 숫염소 다섯 마리, 일 년 된 어린 숫양 다섯 마리.

이것이 수리삿대의 아들 슬루미엘이 드린 제물이다.

42-47 여섯째 날에는 갓 자손의 지도자, 드우엘의 아들 엘리아삽이 제물을 가져왔다. 그가 드린 제물은 이러하다. (성소 표준 중량으로) 무게가 1,430그램인 은쟁반 하나와 무게가 770그램인 은대접 하나. 이 두 그릇에는 곡식 제물로 드릴 기름 섞은 고운 곡식 가루가 가득 담겨 있었다.

무게가 110그램인 금접시 하나. 이 그릇에는 향이 가득 담겨 있었다.

번제물로 드릴 수송아지 한 마리, 숫양 한 마리, 일 년 된 어린 숫양 한 마리.

속죄 제물로 드릴 숫염소 한 마리.

화목 제물로 드릴 수소 두 마리, 숫양 다섯 마리, 숫염소 다섯 마리, 일 년 된 어린 숫양 다섯 마리.

이것이 드우엘의 아들 엘리아삽이 드린 제물이다.

48-53 일곱째 날에는 에브라임 자손의 지도자, 암미훗의 아들 엘리사마가 제물을 가져왔다. 그가 드린 제물은 이러하다.

(성소 표준 중량으로) 무게가 1,430그램인 은쟁반 하나와 무게가 770그램인 은대접 하나. 이 두 그릇에는 곡식 제물로 드릴 기름 섞은 고운 곡식 가루가 가득 담겨 있었다.

무게가 110그램인 금접시 하나. 이 그릇에는 향이 가득 담겨 있었다.

번제물로 드릴 수송아지 한 마리, 숫양 한 마리, 일 년 된 어린 숫양 한 마리.

속죄 제물로 드릴 숫염소 한 마리.

화목 제물로 드릴 수소 두 마리, 숫양 다섯 마리, 숫염소 다섯 마리, 일 년 된 어린 숫양 다섯 마리.

이것이 암미훗의 아들 엘리사마가 드린 제물이다.

54-59 여덟째 날에는 므낫세 자손의 지도자, 브다술의 아들 가말리엘이 제물을 가져왔다. 그가 드린 제물은 이러하다.

(성소 표준 중량으로) 무게가 1,430그램인 은쟁반 하나와 무게가 770그램인 은대접 하나. 이 두 그릇에는 곡식 제물로

드릴 기름 섞은 고운 곡식 가루가 가득 담겨 있었다.

무게가 110그램인 금접시 하나. 이 그릇에는 향이 가득 담겨 있었다.

번제물로 드릴 수송아지 한 마리, 숫양 한 마리, 일 년 된 어린 숫양 한 마리.

속죄 제물로 드릴 숫염소 한 마리.

화목 제물로 드릴 수소 두 마리, 숫양 다섯 마리, 숫염소 다섯 마리, 일 년 된 어린 숫양 다섯 마리.

이것이 브다술의 아들 가말리엘이 드린 제물이다.

60-65 아홉째 날에는 베냐민 자손의 지도자, 기드오니의 아들 아비단이 제물을 가져왔다. 그가 드린 제물은 이러하다.

(성소 표준 중량으로) 무게가 1,430그램인 은쟁반 하나와 무게가 770그램인 은대접 하나. 이 두 그릇에는 곡식 제물로 드릴 기름 섞은 고운 곡식 가루가 가득 담겨 있었다.

무게가 110그램인 금접시 하나. 이 그릇에는 향이 가득 담겨 있었다.

번제물로 드릴 수송아지 한 마리, 숫양 한 마리, 일 년 된 어린 숫양 한 마리.

속죄 제물로 드릴 숫염소 한 마리.

화목 제물로 드릴 수소 두 마리, 숫양 다섯 마리, 숫염소 다섯 마리, 일 년 된 어린 숫양 다섯 마리.

이것이 기드오니의 아들 아비단이 드린 제물이다.

66-71 열째 날에는 단 자손의 지도자, 암미삿대의 아들 아히
에셀이 제물을 가져왔다. 그가 드린 제물은 이러하다.
(성소 표준 중량으로) 무게가 1,430그램인 은쟁반 하나와 무
게가 770그램인 은대접 하나. 이 두 그릇에는 곡식 제물로
드릴 기름 섞은 고운 곡식 가루가 가득 담겨 있었다.
무게가 110그램인 금접시 하나. 이 그릇에는 향이 가득 담
겨 있었다.
번제물로 드릴 수송아지 한 마리, 숫양 한 마리, 일 년 된 어
린 숫양 한 마리.
속죄 제물로 드릴 숫염소 한 마리.
화목 제물로 드릴 수소 두 마리, 숫양 다섯 마리, 숫염소 다
섯 마리, 일 년 된 어린 숫양 다섯 마리.
이것이 암미삿대의 아들 아히에셀이 드린 제물이다.

72-77 열한째 날에는 아셀 자손의 지도자, 오그란의 아들 바
기엘이 제물을 가져왔다. 그가 드린 제물은 이러하다.
(성소 표준 중량으로) 무게가 1,430그램인 은쟁반 하나와 무
게가 770그램인 은대접 하나. 이 두 그릇에는 곡식 제물로
드릴 기름 섞은 고운 곡식 가루가 가득 담겨 있었다.
무게가 110그램인 금접시 하나. 이 그릇에는 향이 가득 담
겨 있었다.
번제물로 드릴 수송아지 한 마리, 숫양 한 마리, 일 년 된 어
린 숫양 한 마리.

속죄 제물로 드릴 숫염소 한 마리.

화목 제물로 드릴 수소 두 마리, 숫양 다섯 마리, 숫염소 다섯 마리, 일 년 된 어린 숫양 다섯 마리.

이것이 오그란의 아들 바기엘이 드린 제물이다.

78-83 열두째 날에는 납달리 자손의 지도자, 에난의 아들 아히라가 제물을 가져왔다. 그가 드린 제물은 이러하다.

(성소 표준 중량으로) 무게가 1,430그램인 은쟁반 하나와 무게가 770그램인 은대접 하나. 이 두 그릇에는 곡식 제물로 드릴 기름 섞은 고운 곡식 가루가 가득 담겨 있었다.

무게가 110그램인 금접시 하나. 이 그릇에는 향이 가득 담겨 있었다.

번제물로 드릴 수송아지 한 마리, 숫양 한 마리, 일 년 된 어린 숫양 한 마리.

속죄 제물로 드릴 숫염소 한 마리.

화목 제물로 드릴 수소 두 마리, 숫양 다섯 마리, 숫염소 다섯 마리, 일 년 된 어린 숫양 다섯 마리.

이것이 에난의 아들 아히라가 드린 제물이다.

84 제단에 기름을 부어 거룩하게 구별하던 때에 이스라엘의 지도자들이 드린 제물은 이러하다.

은쟁반 열둘

은대접 열둘

금접시 열둘.

85-86 각 쟁반의 무게는 1,430그램이고, 각 대접의 무게는
770그램이다. 쟁반과 대접을 모두 합한 무게는 (성소 표준
중량으로) 약 26,400그램이다. 향이 가득 담긴 금접시 열둘
은 하나의 무게가 (성소 표준 중량으로) 110그램이다. 금접시
를 모두 합한 무게는 약 1,320그램이다.
87 곡식 제물과 함께 번제물로 드린 짐승의 수는 이러하다.

수송아지 열두 마리

숫양 열두 마리

일 년 된 어린 숫양 열두 마리.

속죄 제물로 드린 짐승의 수는 이러하다.

숫염소 열두 마리.

88 화목 제물로 드린 짐승의 수는 이러하다.

수소 스물네 마리

숫양 육십 마리

숫염소 육십 마리

일 년 된 어린 숫양 육십 마리.

이것이 제단에 기름을 부어 구별한 뒤에 드린 제단 봉헌 제물이다.

89 모세가 **하나님**께 아뢰려고 회막에 들어갈 때면, 증거궤를 덮은 속죄판 위의 두 그룹 천사 사이에서 말씀하시는 그분의 음성을 들었다. **하나님**께서 그와 말씀하신 것이다.

등잔

8

1-2 **하나님**께서 모세에게 말씀하셨다. "아론에게, 등잔 일곱 개를 두어 등잔대 앞을 비추게 하라고 일러주어라."

3-4 아론이 그대로 행했다. **하나님**께서 모세에게 지시하신 대로, 등잔들을 설치하여 등잔대 앞을 비추게 했다. 등잔대는 줄기에서 꽃잎까지 두들겨 편 금으로 만들었다. **하나님**께서 모세에게 보여주신 도안과 정확히 일치하게 만들었다.

레위인을 정결하게 하다

5-7 **하나님**께서 모세에게 말씀하셨다. "이스라엘 백성 가운데서 레위인을 데려다가, 그들을 정결하게 하여 **하나님**의 일을 할 수 있게 하여라. 너는 이렇게 하여라. 속죄의 물을 그들에게 뿌리고, 그들이 온몸의 털을 밀게 하고 자기 옷을 빨게 하여라. 그러면 그들이 정결하게 될 것이다.

8-11 그들에게 수송아지 한 마리를 가져오게 하고, 기름 섞은 고운 곡식 가루를 곡식 제물로 가져오게 하여라. 또한 다른 수송아지 한 마리를 속죄 제물로 가져오게 하여라. 레위인을 회막 앞으로 나오게 하고, 이스라엘 온 공동체를 모아라. 레위인을 **하나님** 앞에 세우면, 이스라엘 백성이 그들에게 손을 얹을 것이다. 아론은 이스라엘 백성으로부터 레위인을 넘겨받아 흔들어 바치는 제물로 **하나님** 앞에 바쳐야 한다. 이는 **하나님**의 일을 하도록 그들을 준비시키는 것이다.

12-14 너는 레위인에게 수송아지들의 머리에 손을 얹게 한 다음, 한 마리는 속죄 제물로, 다른 한 마리는 번제물로 **하나님**에게 바쳐 레위인을 위해 속죄하여라. 레위인을 아론과 그의 아들들 앞에 세우고, 그들을 흔들어 바치는 제물로 **하나님**에게 바쳐라. 이는 레위인을 이스라엘 백성에게서 구별하는 절차다. 레위인은 오직 나를 위해서만 존재한다.

15-19 네가 이렇게 레위인을 정결하게 하여 흔들어 바치는 제물로 **하나님**에게 바친 뒤에야, 그들이 회막에 들어가서 일할 수 있다. 이스라엘 백성 가운데서 레위인을 뽑은 것은 오직 내가 쓰기 위해서다. 그들은 이스라엘 여인들에게서 태어난 모든 맏아들을 대신하는 것이다. 짐승이든 사람이든, 이스라엘에서 처음 태어난 것은 모두 내가 쓰려고 따로 구별해 둔 것이다. 내가 이집트의 모든 맏아들을 치던 날, 나는 그들을 거룩하게 쓰려고 구별해 두었다. 그러나 이제 나는 이스라엘 백성 가운데서 뽑은 레위인을 이스라엘의 모든

맏아들 대신 받아, 그들을 아론과 그의 아들들에게 주었다.
이는 그들이 이스라엘 백성을 위해 회막과 관련된 모든 일
을 하고 이스라엘 백성을 위해 속죄하게 하여, 이스라엘 백
성이 성소에 가까이 나아올 때 나쁜 일이 일어나지 않게 하
려는 것이다."

20-22 모세와 아론과 이스라엘 백성 온 공동체는 하나님께서
모세에게 명령하신 대로, 이 절차들을 레위인과 함께 실행
에 옮겼다. 레위인은 자기 몸을 정결하게 하고 자기 옷을 깨
끗이 빨았다. 아론은 그들을 흔들어 바치는 제물로 하나님
앞에 드리고, 그들을 위해 속죄하여 그들을 정결하게 했다.
그런 뒤에 레위인은 회막으로 가서 일을 했다. 아론과 그의
아들들은 하나님의 지시에 따라 그들을 감독했다.

23-26 하나님께서 모세에게 말씀하셨다. "이것은 레위인에
관한 지침이다. 그들은 스물다섯 살이 되면 회막에 들어가
일을 시작해야 한다. 쉰 살이 되면 일에서 물러나야 한다.
그들은 형제들이 회막에서 하는 일을 도울 수는 있지만, 직
접 그 일을 맡아 해서는 안된다. 이것이 레위인의 직무에 관
한 기본 규례다."

두 번째 유월절

9

1-3 이집트를 떠난 이듬해 첫째 달에 하나님께서 시
내 광야에서 모세에게 말씀하셨다. "이스라엘 백성
이 정해진 때에 유월절을 기념하여 지키게 하여라. 예정대

로 이 달 십사 일 저녁에 모든 규례와 절차에 따라 유월절을 기념하여 지켜라."

4-5 모세가 이스라엘 백성에게 유월절을 기념하여 지키라고 명령하자, 그들이 첫째 달 십사 일 저녁에 시내 광야에서 유월절을 지켰다. 이스라엘 백성은 **하나님**께서 모세에게 명령하신 대로 모두 행했다.

6-7 그러나 그들 가운데 몇 사람은 주검 때문에 부정하게 되어 정해진 날에 유월절을 지킬 수 없었다. 그들이 유월절에 모세와 아론에게 나와서, 모세에게 말했다. "우리가 주검 때문에 부정하게 되기는 했지만, 어찌하여 우리가 유월절 정해진 때에 다른 이스라엘 자손과 함께 **하나님**께 제물을 드리지 못하게 막는 것입니까?"

8 모세가 대답했다. "시간을 좀 주십시오. **하나님**께서 여러분의 처지를 보시고 어떻게 말씀하시는지 알아보겠습니다."

9-12 **하나님**께서 모세에게 말씀하셨다. "너는 이스라엘 백성에게 이렇게 일러 주어라. 너희 가운데 어떤 사람이 주검 때문에 부정하게 되었거나 먼 여행길에 있다 하더라도, **하나님**의 유월절을 기념하여 지킬 수 있다. 그러나 그런 사람은 둘째 달 십사 일 저녁에 유월절을 지켜야 한다. 누룩을 넣지 않은 빵과 쓴 나물을 곁들여 유월절 양을 먹고, 다음날 아침까지 아무것도 남기지 마라. 어린양의 **뼈**를 꺾지도 마라. 모든 절차를 그대로 따라라.

13 그러나 정결한 사람이나 여행중이 아닌 사람이 유월절을

지키지 않으면, 그 사람은 자기 백성 가운데서 끊어져야 한
다. 정해진 때에 **하나님**에게 제물을 바치지 않았기 때문이
다. 그러한 사람은 자기 죗값을 치르게 될 것이다.
¹⁴ 너희와 함께 사는 외국인이 **하나님**의 유월절을 지키려면,
모든 규례와 절차를 따라야 한다. 외국인이나 본국인에게나
똑같은 절차가 적용된다.”

성막을 덮은 구름

¹⁵⁻¹⁶ 성막을 세우던 날, 구름이 성막 곧 증거판이 보관된 성
막을 덮었다. 해가 질 무렵부터 새벽녘까지 구름이 성막을
덮고 있었다. 그 구름은 불처럼 보였다. 구름은 그렇게 항상
성막을 덮고 있었고, 밤이 되면 불처럼 보였다.
¹⁷⁻²³ 구름이 성막 위로 올라갈 때면 이스라엘 백성이 행진
했고, 구름이 내려와 머물 때면 백성이 진을 쳤다. 이스라
엘 백성은 **하나님**의 명령에 따라 행진하고, **하나님**의 명령
에 따라 진을 쳤다. 구름이 성막 위에 머무는 동안에는 진
을 쳤다. 구름이 성막 위에 여러 날을 머물면, 그들은 **하나
님**의 명령에 따라 행진하지 않았다. 구름이 성막 위에 머물
러 있는 동안에는 **하나님**의 명령에 순종하여 진 안에 머물
렀고, **하나님**께서 명령을 내리시면 곧바로 행진했다. 구름
이 해가 질 무렵부터 새벽녘까지 머물다가 동이 틀 무렵에
올라가면, 그들은 행진했다. 밤이든 낮이든 상관없이, 구름
이 올라가면 그들은 행진했다. 구름이 성막 위에 이틀을 머

물든 한 달을 머물든 한 해를 머물든 상관이 없었다. 구름
이 성막 위에 머무는 동안에는 그들도 그 자리에 머물렀다.
그러다가 구름이 올라가면, 그들도 일어나 행진했다. 그들
은 **하나님**의 명령에 따라 진을 치고, **하나님**의 명령에 따라
행진했다. 그들은 모세가 전한 **하나님**의 명령에 순종하며
살았다.

두 개의 나팔

10

¹⁻³ **하나님**께서 모세에게 말씀하셨다. "너는 두들
겨 편 은으로 나팔 두 개를 만들어라. 회중을 불
러 모으거나 진에 행진 명령을 내릴 때, 이 두 나팔을 사용
하여라. 나팔 둘을 같이 불면, 온 공동체가 회막 입구에 모
여 너를 만날 것이다.

⁴⁻⁷ 나팔 하나를 짧게 불면, 그것은 지도자들, 곧 가문의 우
두머리들에게 모임을 알리는 신호다. 나팔 하나를 길게 불
면, 그것은 행진하라는 신호다. 첫 번째 나팔소리에는 동쪽
에 진을 친 지파들이 출발하고, 두 번째 나팔소리에는 남쪽
에 진을 친 지파들이 출발한다. 긴 나팔소리는 행진하라는
신호다. 모임을 알리는 나팔소리와 행진을 알리는 신호는
다르다.

⁸⁻¹⁰ 나팔을 부는 일은 아론의 아들들인 제사장들이 맡는다.
이것은 그들이 대대로 맡아야 할 임무다. 침략자들에 맞서
싸우러 나갈 때는 나팔을 길게 불어라. 그러면 **하나님**이 너

희를 알아보고 너희 원수들에게서 너희를 구해 줄 것이다.
경축일과 정한 절기와 음력 초하룻날에는 번제물과 화목 제
물을 바치며 나팔을 불어라. 그 소리를 듣고서 너희는 하나
님에게 주의를 기울이게 될 것이다. 나는 **하나님** 너희 하나
님이다."

시내 광야를 떠나 행진하다

11-13 둘째 해 둘째 달 이십 일에 증거판이 보관된 성막 위로
구름이 올라갔다. 그러자 이스라엘 백성은 시내 광야에서
출발하여 구름이 바란 광야에 내려앉을 때까지 이동했다.
그들은 **하나님**께서 모세를 통해 주신 명령에 따라 행진을
시작했다.

14-17 유다 진영의 깃발이 앞장섰고, 암미나답의 아들 나손의
지휘 아래 부대별로 출발했다. 잇사갈 지파의 부대는 수알
의 아들 느다넬이 이끌었고, 스불론 지파의 부대는 헬론의
아들 엘리압이 이끌었다. 성막을 거두자, 게르손 자손과 므
라리 자손이 성막을 메고 출발했다.

18-21 르우벤 진영의 깃발이 그 뒤를 이었는데, 스데울의 아
들 엘리술이 부대를 이끌었다. 시므온 지파의 부대는 수리
삿대의 아들 슬루미엘이 이끌었고, 갓 지파의 부대는 드우
엘의 아들 엘리아삽이 이끌었다. 이어서 고핫 자손이 거룩
한 물건들을 메고 출발했다. 이들이 도착하기 전에 성막이
세워져 있어야 했다.

22-24 뒤이어 에브라임 지파의 깃발이 출발했는데, 암미훗의 아들 엘리사마가 부대를 이끌었다. 므낫세 지파의 부대는 브다술의 아들 가말리엘이 이끌었고, 베냐민 지파의 부대는 기드오니의 아들 아비단이 이끌었다.

25-27 마지막으로, 모든 진영의 후방 경계를 맡은 단 지파가 깃발을 앞세우고 행진했는데, 암미삿대의 아들 아히에셀이 이끌었다. 아셀 지파의 부대는 오그란의 아들 바기엘이 이끌었고, 납달리 지파의 부대는 에난의 아들 아히라가 이끌었다.

28 이것이 이스라엘 백성의 행진 대형이었다. 그들은 이렇게 길을 떠났다.

29 모세가 자신의 처남 호밥에게 말했다. 그는 미디안 사람이자 모세의 장인인 르우엘의 아들이었다. "이제 우리는 하나님께서 '내가 너희에게 주겠다'고 약속하신 곳으로 행진할 것이네. 우리가 자네를 선대할 테니, 우리와 함께 가세. 하나님께서 이스라엘에게 좋은 것을 약속해 주셨다네."

30 호밥이 말했다. "가지 않겠습니다. 나는 내 고향, 내 가족에게로 돌아갈 작정입니다."

31-32 그러자 모세가 대답했다. "우리를 떠나지 말게. 광야에서 진을 칠 최적의 장소를 두루 아는 사람은 자네밖에 없네. 우리에게는 자네의 안목이 필요하네. 우리와 함께 가면, 하나님께서 우리에게 베풀어 주신 온갖 좋은 것을 자네에게도

나누어 주겠네."

33-36 그들은 행진했다. 그들은 **하나님**의 산을 떠나서, 하나님의 언약궤를 앞세우고 사흘길을 행진해 진을 칠 곳을 찾았다. 낮에 그들이 진영을 떠나 행진할 때면, **하나님**의 구름이 그들 위에 머물렀다. 언약궤를 앞세우고 갈 때면, 모세는 이렇게 말했다.

> **하나님**, 일어나소서!
> 주의 원수들을 물리치소서!
> 주를 미워하는 자들을 산으로 쫓아내소서!

그리고 언약궤를 내려놓을 때면, 이렇게 말했다.

> **하나님**, 저희와 함께 쉬소서.
> 이스라엘의 많고 많은
> 사람들과 함께 머무소서.

하나님의 불이 타오르다

11

1-3 백성이 자신들의 고단한 삶을 두고 불평하기 시작했다. **하나님**께서 그 불평을 들으시고 진노를 발하셨다. **하나님**께로부터 불이 타올라 진 바깥 경계를 불태웠다. 백성이 모세에게 소리쳐 도움을 청했다. 모세가

하나님께 기도하자, 불이 꺼졌다. **하나님**의 불이 그들을 향해 타올랐기 때문에, 그곳의 이름을 다베라(불사름)라고 했다.

지도자 칠십 명을 세우다

4-6 백성 가운데 있던 어중이떠중이 무리가 탐욕을 품자, 이 윽고 이스라엘 백성도 울며 불평을 터뜨렸다. "어째서 우리 는 고기를 먹을 수 없는 거지? 이집트에서는 오이와 수박, 부추와 양파와 마늘은 말할 것도 없고 생선까지 공짜로 먹 었는데 말이야! 여기에는 맛있는 것이 하나도 없다. 우리가 먹을 것이라고는 온통 만나, 만나, 만나뿐이다."

7-9 만나는 씨앗 모양이었고 겉은 송진처럼 반들반들했다. 백성이 돌아다니며 그것을 모아서 맷돌에 갈거나 절구에 넣 어 곱게 빻았다. 그런 다음 냄비에 넣어 익힌 후에 빚어서 과자를 만들었다. 그 맛은 올리브기름에 튀긴 과자 맛 같았 다. 밤에 이슬이 진 위로 내리면, 만나도 함께 내렸다.

10 모세는 온 집안이 저마다 자기 장막 앞에서 울며 불평하 는 소리를 들었다. **하나님**께서 크게 진노하셨다. 모세는 사 태가 심각하다는 것을 깨달았다.

11-15 모세가 **하나님**께 아뢰었다. "어찌하여 저를 이렇게 대 하십니까? 제가 이런 대접을 받을 만한 일을 **하나님**께 한 적이 있습니까? 제가 이들을 낳았습니까? 제가 이들의 어 미라도 된다는 말입니까? 어찌하여 이 백성의 무거운 짐을 저에게 지우십니까? 왜 저에게 아이를 품은 어미처럼 이들

을 안고 다니라고 하십니까? 어찌하여 이들의 조상에게 약속하신 땅에 이르기까지 이들을 안고 가라고 하십니까? 이 백성이 모두 '고기가 먹고 싶으니, 고기를 주십시오' 하며 불평하는데, 이들에게 줄 고기를 제가 어디서 얻을 수 있겠습니까? 이 일은 저 혼자 할 수 있는 일이 아닙니다. 이 백성을 모두 안고 가는 것은 너무나 버거운 일입니다. 저를 이리 대하시려거든, 차라리 죽여 주십시오. 저는 볼 만큼 보고, 겪을 만큼 겪었습니다. 저를 여기서 벗어나게 해주십시오."

16-17 **하나님**께서 모세에게 말씀하셨다. "이스라엘의 지도자들 가운데서 칠십 명을 불러 모아라. 그들은 네가 아는 이들로, 존경받고 신뢰할 만한 사람들이어야 한다. 그들을 회막으로 데려오너라. 내가 거기서 너를 만나겠다. 내가 내려가서 너와 이야기하겠다. 내가 네게 내려 준 영을 그들에게도 내려 주겠다. 그러면 그들이 이 백성의 짐을 일부 짊어질 수 있을 것이다. 너 혼자 그 짐을 다 짊어지려고 애쓰지 않아도 될 것이다.

18-20 너는 백성에게 이렇게 일러 주어라. 너희 자신을 거룩하게 구별하여라. 고기를 먹게 될 내일을 위해 준비하여라. 너희는 **하나님**에게 '고기를 원합니다. 고기를 주십시오. 이집트에서도 이보다는 더 잘 살았습니다' 하고 불평했다. 하나님이 너희의 불평을 들었으니, 너희에게 고기를 주겠다. 너희는 고기를 먹게 될 것이다. 너희는 고기를 하루만 먹고

말 것이 아니다. 이틀이나, 닷새나, 열흘이나, 스무 날도 아니다. 한 달 내내 먹게 될 것이다. 콧구멍에서 고기 냄새가 날 때까지 먹게 될 것이다. 고기 이야기만 나와도 구역질을 할 만큼 고기에 질리고 말 것이다. 너희 가운데 있는 **하나님**을 너희가 거부하고, 그 얼굴을 향해 '아이고, 우리가 어쩌자고 이집트를 떠났던가?' 하면서 불평했기 때문이다."

21-22 모세가 아뢰었다. "제가 이 자리에 서 있지만, 지금 이 자리에는 걸어서 행진하는 장정 60만 명이 저를 둘러싸고 있습니다. **하나님**께서는 '내가 그들에게 고기를 주겠다. 한 달 동안 매일 고기를 주겠다'고 하시는데, 그 고기가 어디서 나온단 말입니까? 양 떼와 소 떼를 다 잡는다고 한들 넉넉하겠습니까? 바다의 고기를 다 잡는다고 한들 충분하겠습니까?"

23 **하나님**께서 모세에게 대답하셨다. "그래서, 너는 내가 너희를 보살피지 못할 것이라고 생각하느냐? 이제 너는 내가 말한 것이 너희에게 일어나는지 안 일어나는지 곧 보게 될 것이다."

24-25 모세가 밖으로 나가서 **하나님**께서 하신 말씀을 백성에게 알렸다. 그는 지도자 칠십 명을 불러 모아 그들을 장막 주위에 세웠다. **하나님**께서 구름 가운데 내려오셔서 모세에게 말씀하시고, 모세에게 내린 영을 칠십 명의 지도자들에게도 내려 주셨다. 그 영이 그들에게 내려와 머물자, 그들이 예언을 했다. 그러나 예언을 계속하지는 못했다. 그것은 단

한 번 일어난 일이었다.

❧

²⁶ 한편 두 사람, 곧 엘닷과 메닷이 진 안에 남아 있었다. 그
들은 지도자 명단에 들어 있었지만, 장막으로 가지 않고 진
에 있었다. 그런데도 영이 그들에게 내려와 머물렀고, 그들
도 진에서 예언을 했다.

²⁷ 한 젊은이가 모세에게 달려와서 알렸다. "엘닷과 메닷이
진에서 예언하고 있습니다!"

²⁸ 그러자 젊은 시절부터 모세의 오른팔 역할을 해온 눈의
아들 여호수아가 말했다. "나의 주인 모세여! 그들을 말리
셔야 합니다!"

²⁹ 그러나 모세는 이렇게 말했다. "네가 나를 위해 시기하는
것이냐? 나는 하나님의 백성이 다 예언자가 되었으면 좋겠
다. 하나님께서 모든 백성에게 그분의 영을 내려 주셨으면
좋겠다."

❧

³⁰⁻³⁴ 모세와 이스라엘의 지도자들이 진으로 돌아왔다. 하나
님께서 일으키신 바람이 바다에서 메추라기를 몰고 왔다.
메추라기가 진 안에 90센티미터가량 쌓였고, 진 밖으로는
사방 하룻길 되는 거리까지 쌓였다. 그날 낮과 밤과 그 다
음날까지 백성이 나가서 종일토록 메추라기를 주워 모으

니, 그 양이 상당했다. 그들 가운데 가장 적게 거둔 사람도 2,200리터를 모았다. 그들은 그것들을 진 사방에 널어 말렸다. 그러나 그들이 메추라기를 씹어 미처 한 입 삼키기도 전에, **하나님께서** 백성에게 크게 진노하셨다. **하나님께서** 그들을 끔찍한 전염병으로 치셨다. 결국 그들은 그곳을 기브롯핫다아와(탐욕의 무덤)라고 불렀다. 그들은 고기를 탐한 백성을 그곳에 묻었다.

35 그들은 기브롯핫다아와를 떠나 하세롯으로 행진해 갔다. 그들은 하세롯에 머물렀다.

미리암과 아론이 모세에게 대항하다

12

1-2 (모세가 아내로 맞아들인) 구스 여인 때문에 미리암과 아론이 뒤에서 모세를 비방했다. 그들이 말했다. "**하나님께서** 모세를 통해서만 말씀하시느냐? 우리를 통해서도 말씀하시지 않느냐?"

하나님께서 그들이 하는 말을 들으셨다.

3-8 모세는 아주 겸손한 사람이었다. 그는 이 땅에 사는 어떤 사람보다도 겸손했다. **하나님께서** 갑자기 모세와 아론과 미리암 사이에 개입하셨다. "너희 셋은 회막으로 나아오너라." 그들 셋이 나아오자, **하나님께서** 구름기둥 가운데 내려오셔서 장막 입구에 서 계셨다. 그분께서 아론과 미리암을 부르셨다. 그들이 나아가자, **하나님께서** 말씀하셨다.

너희는 내가 하는 말을 잘 들어라.

너희 가운데 **하나님**의 예언자가 있으면,

나는 환상으로 나 자신을 그에게 알리고

꿈속에서 그에게 말할 것이다.

그러나 나의 종 모세에게는 그렇게 하지 않는다.

그는 나의 집 어디든 마음대로 드나들도록 허락받은 사람
이다.

나는 그와 직접 친밀하게 말하고

수수께끼가 아닌 분명한 말로 이야기한다.

그는 **하나님**의 참 모습을 깊이 헤아리는 사람이다.

그런데 어찌하여 너희는 존경이나 경의를 표하지 않고

나의 종 모세를 비방하는 것이냐?

⁹ **하나님**께서 그들에게 진노하고 떠나가셨다.

¹⁰ 장막을 덮고 있던 구름이 걷히니, 미리암이 나병에 걸려
피부가 눈처럼 하얗게 되었다. 아론이 미리암을 살펴보니,
영락없는 나병환자였다!

¹¹⁻¹² 아론이 모세에게 말했다. "나의 주인님, 우리가 어리석
게 생각 없이 지은 죄 때문에, 우리를 가혹하게 벌하지 마십
시오. 제발 미리암을, 몸이 반쯤 썩은 채 모태에서 죽어 나
온 아이처럼 저렇게 두지 마십시오."

¹³ 그러자 모세가 **하나님**께 기도했다.

하나님, 미리암을 고쳐 주십시오.
부디 미리암을 고쳐 주십시오.

14-16 **하나님**께서 모세에게 응답하셨다. "미리암의 얼굴에 그녀의 아버지가 침을 뱉었어도, 그녀가 칠 일 동안은 부끄러워해야 하지 않겠느냐? 그녀를 칠 일 동안 진 밖에 격리시켜라. 그런 뒤에야 그녀가 진으로 돌아올 수 있다." 그리하여 미리암은 칠 일 동안 진 밖에 격리되었다. 백성은 그녀가 돌아올 때까지 행진하지 않았다. 백성은 그녀가 돌아온 뒤에야 하세롯에서 출발하여, 바란 광야에 이르러 진을 쳤다.

가나안 땅 정탐

13 1-2 **하나님**께서 모세에게 말씀하셨다. "사람들을 보내어, 내가 이스라엘 백성에게 주려고 하는 가나안 땅을 정탐하게 하여라. 각 지파에서 한 사람씩 보내되, 각 지파에서 믿을 수 있는 검증된 지도자를 보내야 한다."
3-15 모세는 **하나님**의 명령에 따라 바란 광야에서 그들을 보냈다. 그들은 모두 각 지파에서 한 사람씩 뽑힌 이스라엘의 지도자들이었다. 그들의 이름은 이러하다.

르우벤 지파에서는 삭굴의 아들 삼무아
시므온 지파에서는 호리의 아들 사밧
유다 지파에서는 여분네의 아들 갈렙

잇사갈 지파에서는 요셉의 아들 이갈

에브라임 지파에서는 눈의 아들 호세아

베냐민 지파에서는 라부의 아들 발디

스불론 지파에서는 소디의 아들 갓디엘

(요셉 지파 가운데 하나인) 므낫세 지파에서는 수시의 아들 갓디

단 지파에서는 그말리의 아들 암미엘

아셀 지파에서는 미가엘의 아들 스둘

납달리 지파에서는 윕시의 아들 나비

갓 지파에서는 마기의 아들 그우엘.

16 이는 모세가 그 땅을 정탐하라고 보낸 사람들의 명단이다. 모세는 눈의 아들 호세아(구원)에게 여호수아(하나님께서 구원하신다)라는 새 이름을 지어 주었다.

17-20 모세는 가나안을 정탐하라고 그들을 보내면서 이렇게 말했다. "네겝 지역에 올라가 보고, 산지에도 가 보시오. 그 땅을 샅샅이 살펴보고, 그 땅이 어떠한지 조사하시오. 그 땅의 백성이 강한지 약한지, 그들의 수가 적은지 많은지 조사하시오. 그 땅이 살기 좋은 땅인지 척박한 땅인지 상세히 알아 오시오. 그들이 살고 있는 성읍들이 탁 트인 진인지 성곽으로 둘러쌓인 요새인지, 토양이 비옥한지 메마른지, 삼림이 우거져 있는지 상세히 알아 오시오. 그리고 그 땅에서 자

라는 열매를 가져오시오. 지금은 포도가 처음 익는 철이오.”

21-25 그들은 길을 떠났다. 그들은 신 광야에서 르보하맛 방면에 있는 르홉에 이르기까지 그 땅을 정탐했다. 그들은 네겝 사막을 지나 헤브론 성읍까지 이르렀다. 거기에는 거인족 아낙의 후손인 아히만 부족과 세새 부족과 달매 부족이 살고 있었다. 헤브론은 이집트의 소안보다 칠 년 먼저 세워진 곳이다. 그들은 에스골 골짜기에 이르러, 포도송이 하나가 달린 가지를 잘라 장대에 매달았다. 그것을 나르려면 두 사람이 필요했다. 또한 그들은 석류와 무화과도 땄다. 그들은 그곳 이름을 에스골 골짜기(포도송이 골짜기)라고 했다. 그곳에서 잘라 낸 포도송이가 엄청나게 컸기 때문이다. 그들은 그 땅을 사십 일 동안 정탐하고 돌아왔다.

26-27 그들은 가데스에 있는 바란 광야에서 모세와 아론과 이스라엘 백성 온 회중 앞에 모습을 드러냈다. 그들은 온 회중에게 보고하고 그 땅의 과일을 보여주었다. 그리고 자신들의 정탐 이야기를 들려주었다.

27-29 “우리를 보낸 그 땅으로 갔더니, 정말 그곳은 젖과 꿀이 흐르는 땅이었습니다! 이 과일 좀 보십시오! 그런데 문제는, 그곳에 사는 백성은 몹시 사납고, 그들의 성읍은 거대한 요새라는 점입니다. 더구나 우리는 거인족인 아낙 자손도 보았습니다. 아말렉 사람이 네겝 지역에 퍼져 있고, 헷 사람과 여부스 사람과 아모리 사람이 산지를 차지하고 있습니다. 그리고 가나안 사람이 지중해 바닷가와 요단 강가에 자

리 잡고 있습니다."

³⁰ 갈렙이 이야기를 중단시키고 모세 앞에서 백성을 조용히 시킨 뒤에 말했다. "당장 올라가서 그 땅을 점령합시다. 우리는 할 수 있습니다."

³¹⁻³³ 그러나 다른 사람들이 이렇게 말했다. "우리는 그 백성을 칠 수 없소. 그들은 우리보다 강하오." 그러면서 그들은 이스라엘 백성 사이에 무시무시한 소문을 퍼뜨렸다. "우리가 그 땅 이쪽 끝에서 저쪽 끝까지 정탐해 보았는데, 그 땅은 사람들을 통째로 삼키는 땅이다. 우리가 본 그곳 사람들은 모두가 어마어마하게 컸다. 우리는 네피림 자손인 거인족도 보았다. (거인족인 아낙 자손은 네피림 자손에서 나왔다.) 그들 곁에 서니, 마치 우리가 메뚜기 같았다. 그들도 우리가 메뚜기라도 된다는 듯이 얕잡아 보았다."

백성의 반역

14

¹⁻³ 온 공동체가 큰 소란을 일으키며 밤새도록 울부짖었다. 이스라엘 온 백성이 모세와 아론에게 불평을 쏟아냈다. 공동체 전체가 여기에 가세했다. "차라리 우리가 이집트에서 죽었으면 좋았을 것을! 아니면 이 광야에서라도 죽었으면 좋았을 것을! 어쩌자고 하나님은 우리를 이 땅으로 데려와서 우리를 죽게 하시는가? 우리 아내와 자식들이 노획물이 되겠구나. 차라리 이집트로 돌아가는 편이 낫겠다! 당장 그렇게 하자!"

⁴ 곧이어 그들은 서로 말했다. "새로운 지도자를 뽑아 이집 트로 돌아가자."

⁵ 모세와 아론은 비상 회의로 모인 온 공동체 앞에서 얼굴을 땅에 대고 엎드렸다.

⁶⁻⁹ 정탐을 다녀온 이들 가운데 눈의 아들 여호수아와 여분 네의 아들 갈렙이 자기 옷을 찢으며, 그 자리에 모여든 이스 라엘 백성에게 말했다. "우리가 두루 다니며 정탐한 그 땅 은 매우 아름답고 정말 좋은 땅입니다. 하나님께서 우리를 기뻐하시면, 저들이 말한 대로, 젖과 꿀이 흐르는 그 땅으로 우리를 인도하실 것입니다. 그 땅을 우리에게 주실 것입니 다. 그러니 하나님을 배역하지 마십시오! 그 백성을 두려워 하지 마십시오. 그렇습니다. 그들은 우리의 밥이 될 것입니 다! 그들에게는 보호자가 없지만, 우리에게는 하나님이 계 십니다. 그러니 그들을 두려워하지 마십시오!"

¹⁰⁻¹² 그러나 온 공동체가 들고일어나 그들을 돌로 치려고 했다.

그때 하나님의 빛나는 영광이 회막 가운데 나타났다. 모든 이스라엘 자손이 그것을 보았다. 하나님께서 모세에게 말씀 하셨다. "이 백성이 언제까지 나를 업신여기겠느냐? 언제 까지 나를 신뢰하지 않을 작정이냐? 내가 저들 가운데 일으 킨 모든 표적을 보고도 저렇게 하는구나! 이것으로 충분하 다. 이제 내가 저들을 전염병으로 쳐서 죽이겠다. 그러나 너 는 저들보다 크고 강한 민족으로 만들겠다."

¹³⁻¹⁶ 그러나 모세는 **하나님**께 이렇게 아뢰었다. "이집트 사람들이 듣겠습니다! **하나님**께서는 큰 능력을 보이시며 이 백성을 이집트에서 건져 내셨는데, 이제 그리하시겠다니요? 이집트 사람들이 모든 사람에게 알릴 것입니다. 그들은 당신께서 **하나님**이시고, 이 백성 편이며, 이 백성 가운데 계시다는 말을 이미 들었습니다. 그들은 이 백성이 구름 속에서 **하나님**을 두 눈으로 뵙는다는 말도 들었습니다. 또한 그들은 구름이 이 백성 위에 머물면서, 낮에는 구름기둥으로 이 백성을 인도하고, 밤에는 불기둥으로 인도한다는 말도 들었습니다. **하나님**께서 이 백성 전체를 단번에 죽이시면, 이제까지 진행되어 온 일을 들은 민족들이 '**하나님**은 저 백성을 약속한 땅으로 데리고 갈 능력이 없어서, 저들을 광야에서 무참히 죽여 버렸다' 하고 말할 것입니다.

¹⁷ 전에 주께서 말씀하신 대로, 부디 주의 능력을 더 크게 펼치시기 바랍니다.

¹⁸ **하나님**은 노하기를 더디고 그 사랑이 심히 커서
죄악과 반역과 죄를 용서하되,
죄를 그냥 덮어 두지는 않는다.
부모가 지은 죄의 결과를
삼사 대 자손에 이르기까지
미치게 한다.

¹⁹ 이집트를 떠나던 날부터 이 백성을 줄곧 용서하신 것처럼, **하나님**의 신실하신 사랑을 아낌없이 베푸셔서, 이 백성의 잘못을 용서해 주십시오."

20-23 **하나님**께서 말씀하셨다. "네 말을 존중하여 내가 저들을 용서하겠다. 그러나 내가 살아 있는 한, 그리고 **하나님**의 영광이 온 땅을 가득 채우고 있는 한, 나의 영광과 내가 이집트와 광야에서 행한 이적을 보았으면서도 끊임없이 나를 시험하며 내 말을 듣지 않은 자들은, 단 한 사람도, 내가 그들의 조상에게 엄숙히 약속한 땅을 보지 못할 것이다. 계속해서 나를 멸시한 자들은 어느 누구도 그 땅을 보지 못할 것이다. ²⁴ 그러나 나의 종 갈렙은 다르다. 그는 마음이 저들과 달라서, 전심으로 나를 따른다. 나는 그가 정탐한 땅으로 그를 들어가게 하고, 그의 자손이 그 땅을 물려받게 할 것이다. ²⁵ 아말렉 사람과 가나안 사람이 골짜기에 자리 잡고 있으니, 당장 진로를 바꿔 홍해에 이르는 길을 따라서 광야로 돌아가거라."

26-30 **하나님**께서 모세와 아론에게 말씀하셨다. "이 악한 공동체가 언제까지 내게 불평을 늘어놓겠느냐? 이 불평 많은 이스라엘 자손의 투덜거리는 소리를 내가 들을 만큼 들었다. 너는 그들에게 전하여라. **하나님**의 말이다. 내가 살아 있음을 두고 맹세하건대, 이제 내가 이렇게 행하겠다. 너희는 주검이 되어 광야에 나뒹굴게 될 것이다. 인구조사 때 계

수된 스무 살 이상의 사람들, 곧 불평하고 원망하던 이 세대가 모두 다 그렇게 될 것이다. 너희 가운데 아무도 내가 굳게 약속한 땅에 들어가지 못할 것이며, 그 땅에 너희 집도 짓지 못할 것이다. 그러나 여분네의 아들 갈렙과 눈의 아들 여호수아는 들어가게 될 것이다.

31-34 너희가 노획물로 사로잡혀 갈 것이라고 말한 너희의 자녀들만 내가 그 땅으로 데리고 들어가서, 너희가 거부한 그 땅을 차지하게 하겠다. 그러나 너희는 주검이 되어 광야에서 썩어질 것이다. 너희의 자녀들은 너희 세대가 다 주검이 되어 광야에 누울 때까지, 사십 년 동안 광야에서 양을 치며 너희가 지은 음란과 불성실의 죄를 짊어지고 살 것이다. 너희가 사십 일 동안 그 땅을 정탐했으니, 하루를 일 년으로 쳐서 사십 년 동안 너희 죄값으로 형기를 채워야 한다. 이는 너희가 나를 노하게 하여 받는 기나긴 훈련이다.

35 나 **하나님**이 말했듯이, 나는 악이 가득한 이 공동체, 나를 거슬러 한통속이 되어 버린 이 공동체 전체에 반드시 이 일을 행할 것이다. 그들은 이 광야에서 최후를 맞을 것이다. 그들은 여기서 죽을 것이다."

36-38 모세가 정탐을 보냈던 사람들이 돌아와서 그 땅에 대해 그릇된 소문을 유포시키며 온 공동체를 부추겨 모세에게 불평하게 했다. 그 사람들이 모두 죽었다. 그들은 그 땅에 대해 그릇된 소문을 퍼뜨리다가 **하나님** 앞에서 전염병으로 죽었다. 그 땅을 정탐하러 갔던 사람들 가운데 눈의 아들 여호

수아와 여분네의 아들 갈렙만이 살아남았다.

³⁹⁻⁴⁰ 모세가 이 모든 말씀을 이스라엘 백성에게 전하니, 그들이 몹시 슬퍼했다. 그들은 이튿날 아침 일찍 산지로 올라가며 말했다. "다 왔다. 이제 우리가 올라가기만 하면 된다. **하나님**께서 우리에게 약속하신 땅으로 올라가서 그 땅을 치자. 우리가 죄를 지었으나, 지금이라도 그 땅을 치자."

⁴¹⁻⁴³ 모세가 말했다. "여러분은 어쩌자고 또 **하나님**의 명령을 거스르는 것입니까? 이 일은 결코 성공하지 못할 것입니다. 그들을 치러 가지 마십시오. **하나님**께서 이 일에 여러분과 함께하지 않으십니다. 여러분은 적에게 처참하게 패하고 말 것입니다. 아말렉 사람과 가나안 사람이 여러분을 기다리고 있다가 여러분을 죽일 것입니다. 여러분이 **하나님**의 말씀을 순종하며 따르지 않았으니, **하나님**께서 이 일에 여러분과 함께하지 않으실 것입니다."

⁴⁴⁻⁴⁵ 그러나 그들은 갔다. 무모하고 오만하게도 그들은 산지로 올라갔다. 그러나 언약궤와 모세는 진에서 꼼짝도 하지 않았다. 산지에 사는 아말렉 사람과 가나안 사람이 산에서 나와 그들을 쳐서 물리치고, 호르마까지 그들을 밀어냈다.

하나님께 드리는 제물

15

¹⁻⁵ **하나님**께서 모세에게 말씀하셨다. "너는 이스라엘 백성에게 전하여라. 그들에게 이렇게 일러

주어라. 내가 너희에게 주려고 하는 땅에 너희가 들어가 불
살라 바치는 제물을 **하나님**에게 바칠 때, 곧 절기를 맞아 서
원 제물이나 자원 제물로 번제물이나 소 떼나 양 떼에서 고
른 제물을 **하나님**을 기쁘게 하는 향기로 바칠 때, 제물을 가
져오는 사람은 고운 곡식 가루 2리터에 기름 1리터를 섞은
것을 **하나님**에게 곡식 제물로 바쳐야 한다. 번제물이나 희
생 제물로 바칠 어린양 한 마리에는 기름 1리터와 부어 드
리는 제물로 바칠 포도주 1리터를 준비하여라.

6-7 숫양 한 마리를 바칠 때는 고운 곡식 가루 4리터에 기름
1.25리터를 섞어 곡식 제물로 준비하고, 포도주 1.25리터
를 부어 드리는 제물로 준비하여라. 이것을 **하나님**을 기쁘
게 하는 향기로 바쳐야 한다.

8-10 특별 서원을 갚거나 **하나님**에게 화목 제물을 바치려고
수송아지를 번제물이나 희생 제물로 준비할 때는, 수송아지
와 함께 고운 곡식 가루 6리터와 기름 2리터를 곡식 제물로
바쳐라. 그리고 포도주 2리터도 부어 드리는 제물로 바쳐
라. 이것은 불살라 바치는 제물이요, **하나님**을 기쁘게 하는
향기가 될 것이다.

11-12 수소 한 마리나 숫양 한 마리, 어린양 한 마리나 어린
염소 한 마리를 준비할 때도 이와 같이 해야 한다. 너희가
준비한 것이 아무리 많아도, 그 수효대로 한 마리씩 이 절차
를 따르도록 하여라.

13-16 이스라엘 본국인이 **하나님**을 기쁘게 하는 향기로 불살

라 바치는 제물을 바칠 때는, 이 절차를 따라야 한다. 다음 세대에 대대로 너희와 함께 사는 외국인이나 거류민이 **하나님**을 기쁘게 하는 향기로 불살라 바치는 제물을 바칠 때도 같은 절차를 따라야 한다. 공동체는 너희나 너희와 함께 사는 외국인에게나 같은 규례를 적용해야 한다. 이것은 다음 세대에 항상 지켜야 할 규례다. 너희나 외국인이나, **하나님** 앞에서는 동일하다. 너희나 너희와 함께 사는 외국인에게나 같은 법과 규례가 적용된다."

17-21 **하나님**께서 모세에게 말씀하셨다. "너는 이스라엘 백성에게 전하여라. 그들에게 이렇게 일러 주어라. 내가 너희를 데려가려고 하는 그 땅에 너희가 들어가서 그 땅에서 나는 양식을 먹게 될 때, 너희는 그 양식의 일부를 **하나님**에게 바칠 제물로 따로 떼어 놓아라. 처음 반죽한 것으로 둥근 빵을 만들어 제물로 바쳐라. 이는 타작마당에서 바치는 제물이다. 너희는 대대로 처음 반죽한 것으로 이 제물을 만들어 **하나님**에게 바쳐라."

22-26 "그러나 너희가 정도에서 벗어나 **하나님**이 모세에게 내린 명령, 곧 **하나님**이 모세를 통해 너희에게 명령한 것을 **하나님**이 처음 명령하던 때부터 지금까지 지키지 않았으면, 그리고 그것이 회중이 모르는 가운데 실수로 저지른 것이

면, 온 회중은 수송아지 한 마리를 번제물, 곧 **하나님**을 기
쁘게 하는 향기로 바치고, 곡식 제물과 부어 드리는 제물도
함께 규례대로 바쳐야 한다. 또 숫염소 한 마리를 속죄 제물
로 바쳐야 한다. 제사장은 이스라엘 백성 온 공동체를 위해
속죄해야 한다. 그러면 그들이 용서를 받는다. 그것은 그들
이 고의로 저지른 죄가 아니었고, 그들이 **하나님**에게 불살
라 바치는 제물을 바쳤으며, 자신들의 실수를 보상하기 위
해 속죄 제물을 바쳤기 때문이다. 모든 백성이 잘못을 저지
른 것이므로, 이스라엘 온 공동체뿐만 아니라 그들과 함께
사는 외국인도 용서를 받을 것이다.

27-28 그러나 어떤 사람이 자신이 무엇을 하는지도 모르고 실
수로 죄를 지었으면, 그는 일 년 된 암염소 한 마리를 속죄
제물로 가져와야 한다. 제사장은 실수로 죄를 지은 그 사람
을 위해 속죄해야 한다. **하나님** 앞에서 속죄하여, 그 죄가
그 사람에게 남아 있지 않게 해야 한다.

29 본국에서 난 이스라엘 자손이든 외국인이든, 실수로 죄를
지은 사람에게는 누구나 같은 규례가 적용된다.

30-31 그러나 본국인이든 외국인이든, 고의로 **하나님**을 모독
하는 죄를 지은 사람은 자기 백성 가운데서 끊어져야 한다.
그가 **하나님**의 말씀을 업신여기고 **하나님**의 명령을 어겼기
때문이다. 그런 자는 반드시 공동체에서 내쫓아 홀로 죄값
을 치르게 해야 한다."

32-35 이스라엘 백성이 광야에서 여러 해를 지내던 때였다. 어떤 사람이 안식일에 나뭇가지를 줍다가 붙잡혔다. 그를 붙잡은 사람들이 모세와 아론과 온 회중 앞으로 그를 끌고 왔다. 그들은 그를 어떻게 해야 할지 결정이 내려질 때까지 가두어 두었다. 그때 하나님께서 모세에게 말씀하셨다. "그에게 사형을 선고하여라. 온 공동체가 진 밖에서 그를 돌로 쳐서 죽여야 한다."

36 하나님께서 모세를 통해 명령하신 대로, 온 공동체가 그를 진 밖으로 끌어내어 돌로 쳐서 죽였다.

37-41 하나님께서 모세에게 말씀하셨다. "이스라엘 백성에게 전하여라. 그들에게 이렇게 일러 주어라. 지금부터 너희는 대대로 옷자락에 술을 만들어 달고, 청색 끈을 그 술에 달아 표시해야 한다. 너희는 그 술을 볼 때마다 하나님의 계명을 기억하여 지켜야 한다. 너희가 느끼고 보는 것, 곧 너희를 꾀어 배역하게 하는 모든 것에 미혹되는 일이 없게 해야 한다. 그 술은 나의 모든 계명을 기억하여 지키고, 하나님을 위해 거룩하게 살라는 표가 될 것이다. 나는 너희 하나님이 되려고 너희를 이집트 땅에서 구해 낸 하나님이다. 나는 하나님 너희 하나님이다."

고라 무리의 반역

16

1-3 어느 날, 레위의 증손이자 고핫의 손자이며 이스할의 아들인 고라가 르우벤 자손 몇 명―엘리압의 아들인 다단과 아비람, 그리고 벨렛의 아들인 온―과 함께 거들먹거리며 모세에게 반기를 들었다. 고라는 이스라엘 회중 가운데서 지도자 250명을 자기편으로 끌어들였다. 이들은 총회에서 높은 지위를 차지한 사람들로, 이름 있는 자들이었다. 그들이 모세와 아론에게 몰려가서 대들며 말했다. "당신들은 월권을 했소. 온 공동체가 거룩하고 **하나님**께서 그들 가운데 계시는데, 당신들은 어째서 모든 권한을 쥔 것처럼 행동하는 거요?"

4 모세가 이 말을 듣고 얼굴을 땅에 대고 엎드렸다.

5 그러고 나서 고라와 그의 무리에게 말했다. "아침이 되면, **하나님**께서 누가 그분 편에 서 있고, 누가 거룩한 사람인지 밝히 보이실 것이오. **하나님**께서 친히 택하신 사람을 곁에 세우실 것이오.

6-7 고라, 내가 당신과 당신 무리에게 바라는 것은 이것이오. 내일 향로를 가져오시오. **하나님** 앞에서 향로에 불을 담고 그 위에 향을 얹으시오. 그러면 누가 거룩한지, 누가 **하나님**께서 택하신 사람인지 알게 될 것이오. 레위 자손 여러분, 당신들이야말로 월권을 하고 있소."

8-11 모세가 계속해서 고라에게 말했다. "레위 자손 여러분, 잘 들으시오. 이스라엘의 하나님께서 당신들을 이스라엘의

회중 가운데서 **뽑**으시고 당신들을 그분 곁에 오게 하셔서,
하나님의 성막 일로 섬기게 하시고 회중 앞에 서서 그들을
돌보게 하셨는데, 그것으로 부족하다는 말이오? 그분께서
는 당신과 당신의 레위인 형제들을 불러들여 최측근이 되게
하셨는데, 이제 당신들은 제사장직까지 거머쥐려 하고 있
소. 당신들은 우리를 거역한 것이 아니라 **하나님**을 거역한
것이오. 어떻게 당신들이 아론을 비방하며 그에게 대든단
말이오?"

¹²⁻¹⁴ 모세가 엘리압의 두 아들 다단과 아비람에게 출두하라
고 지시했다. 그러자 그들이 말했다. "우리는 가지 않겠소.
젖과 꿀이 흐르는 땅에서 우리를 끌어내어 이 광야에서 죽
이는 것으로는 성이 차지 않는단 말이오? 이제 당신은 아예
우리를 마음대로 부리려 하는구려! 현실을 직시하시오. 당
신이 한 일이 뭐가 있소? 우리를 젖과 꿀이 흐르는 땅으로
데려가기를 했소, 약속한 밭과 포도밭을 우리에게 유산으로
주기를 했소? 현실을 보지 못하게 하려면 우리의 두 눈을
뽑아내야 할 것이오. 관두시오. 우리는 가지 않겠소."

¹⁵ 모세는 몹시 화가 나서 **하나님**께 아뢰었다. "저들의 곡식
제물을 받지 마십시오. 저는 저들에게서 나귀 한 마리 빼앗
지 않았고, 저들의 머리카락 한 올 상하게 하지 않았습니다."

¹⁶⁻¹⁷ 모세가 고라에게 말했다. "내일 당신네 사람들을 **하나
님** 앞에 나아오게 하시오. 그들과 아론은 물론이고 당신도
나아오시오. 각자 자기 향로에 향을 가득 담아 가져와서 하

나님께 드리시오. 모두 250개의 향로가 될 것이오. 당신과 아론도 똑같이 향로를 가져오시오."

¹⁸ 그들은 그대로 했다. 저마다 불과 향이 가득 담긴 향로를 가져와서 회막 입구에 섰다. 모세와 아론도 그렇게 했다.

¹⁹ 고라와 그의 무리가 회막 입구에서 모세와 아론에게 맞섰다. 그때 온 공동체가 **하나님**의 영광을 보았다.

²⁰⁻²¹ **하나님**께서 모세와 아론에게 말씀하셨다. "너희는 이 회중으로부터 떨어져 있어라. 내가 저들을 완전히 없애 버리겠다."

²² 그러자 모세와 아론이 얼굴을 땅에 대고 엎드리며 말했다. "하나님, 살아 있는 모든 것의 하나님, 죄는 한 사람이 지었는데, 온 공동체에 화를 쏟으실 작정이십니까?"

²³⁻²⁴ **하나님**께서 모세에게 말씀하셨다. "공동체에 전하여라. 고라와 다단과 아비람의 장막에서 물러서라고, 그들에게 일러 주어라."

²⁵⁻²⁶ 모세가 일어나 다단과 아비람에게 갔다. 이스라엘의 지도자들도 그를 따라갔다. 모세가 공동체에 말했다. "이 악인들의 장막에서 물러서십시오. 그들에게 속한 것은 하나도 건드리지 마십시오. 건드렸다가는 그들이 지은 죄의 홍수에 쓸려 가고 말 것입니다."

²⁷ 그들은 모두 고라와 다단과 아비람의 장막에서 멀찍이 물러섰다. 다단과 아비람은 아내와 자녀와 젖먹이들과 함께 밖으로 나와서 자기들 장막 입구에 서 있었다.

28-30 모세가 계속해서 공동체에 말했다. "이로써 여러분은 이 모든 일이 **하나님**께서 나를 보내서 하신 것이지, 내가 마음대로 조작한 것이 아니라는 것을 알게 될 것입니다. 이 자들이 우리처럼 수명이 다해 죽는다면, **하나님**께서 나를 보내신 것이 아닙니다. 그러나 **하나님**께서 전에 없던 일을 행하셔서, 땅이 입을 벌려 이들을 모두 삼키고 산 채로 스올에 내던지게 하시면, 여러분은 이 자들이 **하나님**을 업신여겼다는 것을 알게 될 것입니다."

31-33 모세가 이 말을 마치자마자 땅이 쫙 갈라졌다. 땅이 입을 벌려 그들과 그들의 가족과, 고라와 관계된 모든 사람과, 그들의 모든 소유를 한입에 삼켜 버렸다. 그들은 산 채로 스올에 내던져져 최후를 맞이했다. 땅이 그들을 덮어 버렸다. 공동체가 그들의 소리를 들은 것은 그때가 마지막이었다.

34 주위에 있던 사람들이 그들의 비명소리에 놀라, "우리마저 산 채로 삼켜 버리겠다!" 하고 소리치며 모두 필사적으로 도망쳤다.

35 그때 **하나님**께서 번갯불을 보내셨다. 그 불이 분향하던 250명을 불살라 버렸다.

36-38 **하나님**께서 모세에게 말씀하셨다. "너는 제사장 아론의 아들 엘르아살에게 명령하여, 연기 나는 잿더미에서 향로들을 모으게 하고, 타다 남은 숯불은 멀리 흩어 버리게 하여라. 이 향로들은 거룩하게 되었기 때문이다. 죄를 지어 죽은 자들의 향로를 가져다가 얇게 두들겨 펴서 제단에 씌워

라. 그 향로들은 **하나님**에게 바쳐진 것으로, **하나님**에게 거
룩한 것이다. 이것을 이스라엘 자손에게 표징으로 삼아, 오
늘 일어난 일의 증거가 되게 하여라."

39-40 엘르아살은 **하나님**께서 모세를 통해 지시하신 대로,
타 죽은 이들의 청동향로들을 거두어 두들겨 펴서 제단에
씌웠다. 이것은 아론의 후손만이 **하나님** 앞에 향을 사르도
록 허락받았으며, 다른 사람이 그렇게 하면 결국 고라와 그
의 무리처럼 된다는 것을 이스라엘 자손에게 알리는 표징
이 되었다.

41 이튿날, 이스라엘 공동체에서 불평이 터져 나왔다. 모세
와 아론에게 퍼붓는 불평이었다. "당신들이 **하나님**의 백성
을 죽였습니다!"

42 온 공동체가 모여서 모세와 아론을 공격할 때에 모세와
아론이 회막을 보니, 모든 이가 볼 수 있도록 구름, 곧 **하나**
님의 영광이 머물러 있었다.

43-45 모세와 아론이 회막 앞에 서자, **하나님**께서 모세에게
말씀하셨다. "이 회중에게서 멀찍이 떨어져 있어라. 내가
저들을 당장 없애 버리겠다."

그들은 얼굴을 땅에 대고 엎드렸다.

46 모세가 아론에게 말했다. "형님의 향로를 가져다가 제단
의 불을 담고 그 위에 향을 가득 얹으십시오. 어서 빨리 회
중에게 가서 그들을 위해 속죄하십시오. **하나님**께서 진노를
쏟아내고 계십니다. 전염병이 시작되었습니다!"

47-48 아론은 모세가 지시한 대로 향로를 가지고 회중 가운데로 뛰어갔다. 이미 전염병이 퍼지고 있었다. 그는 향로에 향을 얹어 백성을 위해 속죄했다. 그가 살아 있는 자들과 죽은 자들 사이에 서자, 전염병이 그쳤다.

49-50 고라의 일로 죽은 사람 외에도, 전염병으로 죽은 사람이 14,700명이었다. 아론은 회막 입구로 돌아와서 모세와 합류했다. 전염병이 그친 것이다.

아론의 싹 난 지팡이

17 1-5 **하나님**께서 모세에게 말씀하셨다. "이스라엘 백성에게 전하여, 그들에게서 지팡이를 거두어라. 각 지파의 지도자에게서 지팡이 하나씩, 모두 열두 개를 거두어라. 각 지도자의 이름을 지팡이에 써라. 먼저 아론부터 레위의 지팡이에 아론의 이름을 쓰고, 나머지 지팡이들에도 각 지파 지도자들의 이름을 써라. 그것들을 회막 안, 내가 너희와 약속을 맺는 증거판 앞에 놓아라. 그러면 내가 선택하는 사람의 지팡이에서 싹이 날 것이다. 이스라엘 백성이 너희에게 쉴 새 없이 쏟아내는 불평을 내가 그치게 하겠다."

6-7 모세가 이스라엘 백성에게 전하자, 그들의 지도자들이 각 지파마다 하나씩 모두 열두 개의 지팡이를 건넸다. 아론의 지팡이도 그 가운데 있었다. 모세는 그 지팡이들을 증거의 장막 안 **하나님** 앞에 펼쳐 놓았다.

8-9 이튿날 모세가 증거의 장막 안으로 들어가 보니, 아론의 지팡이, 곧 레위 지파의 지팡이에 정말로 싹이 돋아나 있었다. 싹이 돋아나서 꽃이 피고, 아몬드 열매까지 열려 있었다! 모세가 지팡이들을 모두 **하나님** 앞에서 가지고 나와 이스라엘 백성에게 보여주자, 그들이 찬찬히 훑어보았다. 지도자들이 저마다 자기 이름이 적힌 지팡이를 가져갔다.

10 **하나님**께서 모세에게 말씀하셨다. "아론의 지팡이를 증거판 앞에 도로 갖다 놓아라. 그것을 간직하여 반역자들에게 경종이 되게 하여라. 이것으로 백성이 나에 대한 불평을 그치고 자기 목숨을 건지게 될 것이다."

11 모세는 **하나님**께서 명령하신 대로 행했다.

12-13 이스라엘 백성이 모세에게 말했다. "우리는 죽은 것이나 다름없습니다. 이것은 우리에게 내리는 사형선고입니다. **하나님**의 성막에 가까이 가는 사람은 누구든지 죽을 텐데, 우리 모두 망한 것이 아닙니까?"

제사장과 레위인의 직무

18

1-4 **하나님**께서 아론에게 말씀하셨다. "성소와 관련된 죄를 다루는 일은 너와 네 아들들과 네 아버지의 집안이 책임져야 한다. 제사장의 직무와 관련된 죄도 너와 네 아들들이 책임져야 한다. 레위 지파에 속한 네 형제들을 명부에 올려라. 그들이 너와 함께 있게 하여, 너와

네 아들들이 증거의 장막에서 일할 때 너희를 돕게 하여라. 그들은 네게 보고하고 장막과 관련된 일을 해야 한다. 그러나 그들은 제단의 거룩한 기구에는 조금도 관여해서는 안된다. 이를 어기면 죽임을 당할 것이다. 그들뿐 아니라 너희도 죽을 것이다! 그들은 너희 곁에서 회막을 돌보는 일, 곧 회막과 관련된 일을 해야 한다. 그 밖에 다른 사람이 너희를 도울 수는 없다.

5-7 너희가 할 일은 성소와 제단을 보살펴서, 이스라엘 백성에게 진노가 더 이상 내리지 않게 하는 것이다. 너희 형제인 레위인은 내가 온 이스라엘 자손 가운데서 직접 뽑은 사람들이다. 내가 그들을 너희에게 선물로 주어 회막 일을 돕도록 하겠다. 그러나 제사장으로 섬기면서 제단 근처와 휘장 안에서 하는 일은 너와 네 아들들이 해야 한다. 제사장의 직무는 내가 너희에게만 주는 선물이다. 아무도 그 일을 대신할 수 없다. 다른 사람이 함부로 성소에 들어오다가는 죽임을 당할 것이다."

8-10 **하나님**께서 아론에게 말씀하셨다. "나의 헌물, 곧 내가 이스라엘 백성에게서 받는 모든 거룩한 제물을 네게 맡긴다. 그것들을 너와 네 자녀의 몫으로 주어 네가 개인적으로 쓸 수 있게 하겠다. 이것은 영원한 규례다. 제물 가운데서 남은 것, 곧 곡식 제물과 속죄 제물과 보상 제물 가운데서 불사르지 않고 남은 것은 무엇이든 너와 네 아들들의 몫이

다. 그것은 지극히 거룩한 것이니, 경건한 마음으로 먹어라. 남자는 누구나 그것을 먹을 수 있다. 너는 그것을 거룩하게 다루어라.

11-13 이스라엘 백성이 흔들어 바치는 제물도 네 몫이다. 내가 그것을 너와 네 아들딸들에게 선물로 준다. 이것은 영원한 규례다. 네 집에 있는 정결한 사람은 누구나 그것을 먹을 수 있다. 가장 좋은 올리브기름과 가장 좋은 새 포도주와 곡식, 곧 그들이 수확의 첫 열매로 하나님에게 바친 것도 네게 준다. 그들이 하나님에게 바친 첫 수확물은 모두 네 것이다. 네 집에 있는 사람 가운데 정결한 사람은 누구나 그것을 먹을 수 있다.

14-16 완전한 헌신의 제물도 네 몫이다. 짐승이든 사람이든, 처음 태어난 것으로 하나님에게 바친 것은 모두 네 몫이다. 다만 처음 태어난 것 자체를 받는 것이 아니라 그것을 대속하는 값을 받는 것이다. 사람의 맏아들과 정결한 짐승의 첫 새끼는 그것을 바친 사람이 되사고, 너는 그가 되사면서 치른 값을 받는다. 태어난 지 한 달 된 것부터 되살 수 있는데, 대속하는 값은 성소 표준 세겔로 은 오 세겔이다. 일 세겔은 이십 게라다.

17-19 이와 달리, 수소의 첫 새끼나 양의 첫 새끼나 염소의 첫 새끼는 값을 받고 돌려주지 않는다. 그것들은 거룩한 것이다. 대신에, 너는 그것들의 피를 제단에 뿌리고, 그것들의 지방을 불살라 바치는 제물, 곧 하나님을 기쁘게 하는 향기

로 불살라 바쳐야 한다. 그러나 흔들어 바치는 제물의 가슴과 오른쪽 넓적다리가 네 몫인 것처럼, 그것들의 고기도 네 몫이다. 이스라엘 백성이 **하나님**을 위해 따로 마련한 모든 거룩한 제물을 내가 너와 네 자녀들에게 준다. 이것은 너와 네 자녀들이 지켜야 할 영원한 규례로, **하나님** 앞에서 맺은 영원불변의 소금 언약이다."

20 **하나님**께서 아론에게 말씀하셨다. "너는 땅에서는 받을 유산이 없다. 작은 땅이라도 네 몫은 없다. 네 몫의 땅은 나다. 이스라엘 백성 가운데서 네가 받을 유산은 바로 나밖에 없다.

21-24 나는 레위인에게 회막에서 일하는 대가로 이스라엘의 십일조 전부를 준다. 이제부터 이스라엘 백성은 회막을 드나들지 못한다. 회막을 드나드는 죄를 지을 경우 벌을 받게 될 것인데, 그 벌은 바로 죽음이다. 회막에서 일할 수 있는 사람은 오직 레위인뿐이다. 이것을 어길 경우, 모든 책임은 레위인이 진다. 이것은 언제나 지켜야 하는 규례다. 레위인은 이스라엘 백성 가운데서 유산을 받지 못한다. 대신에, 이스라엘 백성이 **하나님**에게 제물로 바치는 십일조를 내가 그들에게 준다. 그래서 내가 이런 규례를 주는 것이다. 레위인은 이스라엘 백성 가운데서 땅을 유산으로 상속받지 못한다."

❧

25-29 **하나님**께서 모세에게 말씀하셨다. "레위인에게 전하여
라. 그들에게 이렇게 일러 주어라. 내가 너희에게 유산으로
정해 준 십일조를 이스라엘 백성에게서 받으면, 너희는 거
기서 십분의 일을 떼어 **하나님**에게 제물로 바쳐야 한다. 내
가 너희의 제물을, 다른 사람들이 타작마당에서 바치는 곡
식 제물이나 술통에서 따라 바치는 포도주와 똑같은 것으
로 여길 것이다. 너희가 이스라엘 백성에게서 받는 모든 십
일조에서 일부를 **하나님**에게 제물로 바치는 절차는 이러하
다. 이 십일조 가운데서 **하나님**의 몫을 떼어 제사장 아론에
게 주어라. 너희가 받는 모든 것 가운데서 가장 좋고 지극히
거룩한 것을 **하나님**의 몫으로 떼어 놓아야 한다.
30-32 너는 레위인에게 이렇게 일러 주어라. 너희가 가장 좋
은 것을 바치면, 남은 것은 내가 다른 사람들이 타작마당에
서 바치는 곡식이나 술통에서 따라 바치는 포도주와 똑같은
것으로 여길 것이다. 너희와 너희 집안 사람들은 언제 어디
서든 그것을 먹어도 된다. 그것은 회막에서 일하는 대가로
내가 너희에게 주는 몫이다. 너희는 가장 좋은 것을 바침으
로써 죄를 면하게 될 것이다. 너희는 이스라엘 백성의 거룩
한 제물을 더럽히지 않도록 하여라. 그래야 너희가 죽지 않
을 것이다."

정결하게 하는 물

19

¹⁻⁴ **하나님**께서 모세와 아론에게 말씀하셨다. "이 것은 **하나님**이 명령하는 규례, 곧 계시로 정한 규례다. 너는 이스라엘 백성에게 말하여, 한 번도 멍에를 메어 본 적이 없는 정결하고 건강한 붉은 암소를 가져오게 하여라. 그 암소를 제사장 엘르아살에게 주고, 그것을 진 밖으로 끌고 가서, 그가 보는 앞에서 잡아라. 엘르아살은 손가락에 그 피 얼마를 찍어 회막 쪽으로 일곱 번 뿌려야 한다.

⁵⁻⁸ 그 후에 엘르아살의 감독 아래 그 암소를 불사르되, 가죽과 고기와 피와 똥까지 모두 불살라야 한다. 제사장은 백향목 가지 하나와 우슬초 가지 몇 개와 주홍색 실 한 다발을 가져다가 불타는 암소 위에 던져야 한다. 그런 다음 제사장은 자기 옷을 빨고, 물로 몸을 깨끗이 씻어야 한다. 그 후에야 그는 진으로 들어올 수 있다. 그는 저녁때까지 부정하다. 암소를 불사른 사람도 자기 옷을 빨고, 물로 몸을 깨끗이 씻어야 한다. 그도 저녁때까지 부정하다.

⁹ 그 후에 정결한 사람이 암소의 재를 거두어, 진 밖의 정결한 곳에 두어야 한다. 속죄 제사를 드릴 때 정결하게 하는 물에 타서 쓸 수 있도록, 이스라엘 회중은 그것을 잘 보관해야 한다.

¹⁰ 재를 거두었던 사람은 자기 옷을 깨끗이 빨아야 하며, 그는 저녁때까지 부정하다. 이것은 본국에서 태어난 이스라엘 자손과 그들과 함께 사는 외국인이 지켜야 할 영원한 규

레다.

11-13 누구든지 주검을 만진 사람은 칠 일 동안 부정하다. 그는 삼 일째 되는 날에 정결하게 하는 물로 자기 몸을 정결하게 해야 하며, 칠 일째 되는 날에 정결하게 된다. 그러나 삼 일째 되는 날과 칠 일째 되는 날에 이 절차를 따르지 않으면, 그는 정결하게 되지 않는다. 누구든지 주검을 만진 뒤에 정결하게 하지 않으면, 그는 **하나님**의 성막을 더럽힌 자이므로 반드시 공동체 가운데서 추방해야 한다. 정결하게 하는 물을 자기 몸에 뿌리지 않는 한, 그는 부정한 상태로 남아 있기 때문이다.

14-15 장막에서 사람이 죽었을 때 적용되는 규례는 이러하다. 그 장막에 출입하는 사람이나 이미 장막 안에 있던 사람은 칠 일 동안 부정하다. 뚜껑을 덮지 않은 그릇도 모두 부정하다.

16-21 넓은 들에 나가 있다가, 맞아 죽은 사람의 주검이나 수명이 다해 죽은 사람의 주검이나 사람의 **뼈**나 무덤을 만진 사람은 칠 일 동안 부정하다. 이 부정한 사람을 위해서는 속죄 제물을 태우고 남은 재를 가져다가 대접에 담고 거기에 맑은 물을 부어야 한다. 정결한 사람이 우슬초 가지를 그 물에 담갔다가 장막과 거기에 딸린 모든 기구와 장막 안에 있던 사람, 살해당했거나 수명이 다해 죽은 사람의 **뼈**를 만진 사람, 무덤을 만진 사람에게 뿌린다. 정결한 사람은 삼 일째 되는 날과 칠 일째 되는 날에 부정한 사람에게 물을 뿌려야

한다. 그러면 부정한 사람은 칠 일째 되는 날에 정결하게 된다. 정결하게 된 그 사람은 자기 옷을 깨끗이 빨고 몸을 씻어야 한다. 그는 저녁때까지 부정하다. 그러나 부정한 사람이 이 정결 과정을 거치지 않으면, 그는 공동체 가운데서 추방되어야 한다. 그가 **하나님**의 성소를 더럽혔기 때문이다. 그는 정결하게 하는 물을 뿌리지 않았으므로 부정하다. 이것은 위와 같은 경우에 적용해야 할 영원한 규례다.

정결하게 하는 물을 뿌린 사람은 자기 옷을 깨끗이 빨아야 한다. 정결하게 하는 물을 만진 사람도 저녁때까지 부정하다.

²² 부정한 사람이 만진 것은 무엇이든 부정하며, 부정한 사람이 만진 것을 만진 사람도 저녁때까지 부정하다."

가데스에서 일어난 일

20

¹ 첫째 달에, 온 이스라엘 백성이 신 광야에 이르렀다. 백성은 가데스에 머물렀다.

그곳에서 미리암이 죽어 땅에 묻혔다.

²⁻⁵ 거기에는 마실 물이 없었다. 그들이 무리를 지어 모세와 아론에게 대들었다. 그들은 모세에게 비난을 퍼부었다. "우리 형제들이 **하나님** 앞에서 죽을 때 우리도 죽었으면 차라리 좋았을 것. 어쩌자고 당신은 **하나님**의 회중을 여기 광야까지 끌고 와서, 사람이나 가축이나 모두 죽게 하는 겁니까? 왜 우리를 이집트에서 데리고 나와서 이 비참한 땅으로 끌고 온 겁니까? 여기에는 곡식도 없고, 무화과도 없고, 포

도나무도 없고, 물도 없는데 말입니다!"

⁶ 모세와 아론은 몰려든 회중을 뒤로하고 회막으로 가서, 얼굴을 땅에 대고 엎드렸다. 그들이 **하나님**의 영광을 뵈었다.

⁷⁻⁸ **하나님**께서 모세에게 말씀하셨다. "지팡이를 손에 잡아라. 네 형 아론과 함께 공동체를 소집하여라. 그들 바로 앞에 있는 저 바위에 말하여라. 그러면 그 바위에서 물이 날 것이다. 바위에서 물을 내어, 회중과 가축이 마시게 하여라."

⁹⁻¹⁰ 모세는 **하나님**께서 명령하신 대로 지팡이를 잡고 **하나님** 앞에서 나왔다. 모세와 아론은 온 회중을 바위 앞에 불러 모았다. 모세가 말했다. "반역자들은 들으시오! 우리가 여러분을 위해 이 바위에서 물을 내야 하겠소?"

¹¹ 이 말과 함께 모세가 팔을 들어 지팡이로 바위를 세차게 두 번 쳤다. 그러자 물이 흘러나왔다. 회중과 가축이 그 물을 마셨다.

¹² **하나님**께서 모세와 아론에게 말씀하셨다. "너희가 나를 신뢰하지 않고 이스라엘 백성 앞에서 나를 거룩한 경외심으로 대하지 않았으니, 너희 두 사람은 내가 이 무리에게 주려고 하는 땅으로 그들을 이끌고 들어가지 못할 것이다."

¹³ 이곳 므리바(다툼) 샘에서 이스라엘 백성이 **하나님**과 다투었고, **하나님**께서 자신의 거룩함을 나타내 보이셨다.

¹⁴⁻¹⁶ 모세는 가데스에서 에돔 왕에게 사신을 보내 이런 메시

지를 전했다. "왕의 형제 이스라엘이 전하는 메시지입니다. 왕께서는 우리가 겪은 온갖 고초를 잘 아실 것입니다. 우리 조상은 이집트로 내려가 그곳에서 오랫동안 살았습니다. 그런데 이집트 사람들은 우리와 우리 조상을 잔인하게 학대했습니다. 우리가 **하나님**께 울부짖고 도움을 구하자, **하나님**께서 우리의 울부짖음을 들으시고 천사를 보내셔서 우리를 이집트에서 이끌어 내셨습니다. 이제 우리는 왕의 영토 경계에 있는 성읍 가데스에 와 있습니다.

17 우리가 왕의 영토를 지나가도록 허락해 주시겠습니까? 우리가 왕의 밭이나 과수원에 들어가지 않고, 왕의 우물물도 마시지 않겠습니다. 큰길, 곧 왕의 길만 따라가겠습니다. 왕의 영토를 다 지나갈 때까지, 오른쪽으로나 왼쪽으로나 벗어나지 않겠습니다."

18 에돔 왕이 답했다. "절대 안된다! 내 땅에 발을 딛는 순간, 내가 너희를 죽일 것이다."

19 이스라엘 백성이 말했다. "들어 보십시오. 우리가 큰길로만 다니겠습니다. 우리나 우리 가축이 물을 마시면, 그 값을 치르겠습니다. 우리는 위험한 사람들이 아닙니다. 그저 발이 부르튼 여행자들일 뿐입니다."

20-21 왕은 같은 답변을 보내왔다. "안된다. 너희는 지나갈 수 없다." 에돔 왕은 무장한 많은 백성을 거느리고 나와서 길을 막았다. 에돔 왕은 그들이 자기 영토를 지나가지 못하게 했다. 그래서 이스라엘은 에돔을 돌아서 갈 수밖에 없었다.

아론의 죽음

²² 이스라엘 백성 온 무리가 가데스를 출발하여, 호르 산으로 나아갔다.

²³⁻²⁶ **하나님**께서 에돔 경계에 있는 호르 산에서 모세와 아론에게 말씀하셨다. "아론이 자기 조상에게 돌아갈 때가 되었다. 그는 내가 이스라엘 백성에게 주려고 하는 땅에 들어가지 못할 것이다. 너희가 므리바 샘에서 내 명령을 거역했기 때문이다. 너는 아론과 그의 아들 엘르아살을 데리고 호르 산으로 올라가거라. 아론의 옷을 벗겨 그의 아들 엘르아살에게 입혀라. 아론이 거기서 자기 조상에게 돌아가 죽을 것이다."

²⁷⁻²⁹ 모세가 **하나님**의 명령에 순종했다. 그들은 온 회중이 지켜보는 앞에서 호르 산으로 올라갔다. 모세는 아론의 옷을 벗겨 그의 아들 엘르아살에게 입혔다. 아론이 그 산의 꼭대기에서 죽자, 모세와 엘르아살은 산에서 내려왔다. 온 회중이 아론이 죽었다는 소식을 듣고, 삼십 일 동안 그의 죽음을 슬퍼했다.

거룩한 진멸

21 ¹ 네겝 지역에서 다스리던 가나안 사람 아랏 왕은, 이스라엘이 아다림 길로 진격해 오고 있다는 소식을 들었다. 그는 이스라엘을 공격하여 그들 가운데 일부를 포로로 잡아갔다.

² 이스라엘이 하나님께 서원했다. "이 백성을 저희 손에 넘겨주시면, 저희가 그들의 성읍들을 쳐부수고, 그 잔해를 하나님께 바쳐 거룩한 진멸이 되게 하겠습니다."

³ 하나님께서 이스라엘의 기도를 들으시고 가나안 사람을 그들 손에 넘겨주셨다. 이스라엘은 그들과 그들의 성읍들을 쳐부수었다. 거룩한 진멸이었다. 이스라엘은 그곳 이름을 호르마(거룩한 진멸)라고 했다.

구리뱀으로 백성을 구하다

⁴⁻⁵ 그들은 호르 산에서 출발하여 홍해 길을 따라 에돔 땅을 돌아서 나아갔다. 백성이 길을 가는 동안에 그들의 마음이 조급하고 날카로워졌다. 그들은 하나님과 모세에게 거침없이 대들었다. "어쩌자고 우리를 이집트에서 끌어 내어, 하나님께 버림받은 이 땅에서 죽게 하는 겁니까? 먹을 만한 음식도 없고 물도 없습니다. 이 형편없는 음식을 더는 못 먹겠습니다."

⁶⁻⁷ 하나님께서 독사들을 백성 가운데로 보내셨다. 독사들이 그들을 물어, 이스라엘의 많은 사람들이 죽었다. 백성이 모세에게 와서 말했다. "우리가 하나님과 당신을 거역하는 죄를 지었습니다. 이 뱀들을 우리에게서 거두어 달라고 하나님께 기도해 주십시오."

모세가 백성을 위해 기도했다.

⁸ 하나님께서 모세에게 말씀하셨다. "뱀 한 마리를 만들어

깃대에 매달아라. 물린 자는 누구든지 그것을 보면 살게 될
것이다."
⁹ 모세는 이글거리는 구리로 뱀을 만들어 깃대 위에 달아 놓
았다. 뱀에게 물린 사람마다 그 구리뱀을 보고 살아났다.

호르 산에서 모압까지

10-15 이스라엘 백성이 길을 떠나 오봇에 진을 쳤다. 오봇을
떠나서는 모압 맞은편, 동쪽 광야의 이예아바림에 진을 쳤
다. 그곳을 떠나서는 세렛 골짜기에 진을 쳤다. 그 다음에는
아모리 땅과 모압 땅의 경계에 있는 아르논 강을 따라 진을
쳤다. 하나님의 전쟁기는 이 지역을 두고 다음과 같이 기록
하고 있다.

수바의 와헙과
아르논 골짜기들은
협곡 벼랑을 따라
아르 촌락으로 뻗어 있고,
모압의 경계 쪽으로
가파르게 기울어 있다.

16-18 그들이 거기서 브엘(우물)로 나아갔다. 그곳은 하나님
께서 모세에게 "백성을 모아라. 내가 그들에게 물을 주겠
다"고 말씀하신 곳이다. 거기서 이스라엘은 다음과 같은 노

래를 불렀다.

> 우물물아, 솟아나라!
> 우물의 노래를 불러라.
> 이 우물은
> 홀과 지팡이로
> 군주들이 파고
> 백성의 지도자들이 판 우물이다.

19-20 그들은 광야에서 맛다나를 떠나 나할리엘에 이르렀고, 나할리엘을 떠나 바못(고원)에 이르렀고, 바못을 떠나 모압 들판을 향해 트인 골짜기로 나아갔다. 그곳은 비스가(꼭대기) 산이 솟아올라 여시몬(황무지)이 내려다보이는 곳이었다.

시혼과 옥을 물리치다

21-22 이스라엘이 아모리 왕 시혼에게 사신들을 보내어 이렇게 말했다. "우리가 왕의 영토를 지나가게 해주십시오. 우리가 왕의 밭에 들어가지 않고, 왕의 포도밭에서 우물물을 마시지도 않겠습니다. 우리는 왕의 영토를 다 지나갈 때까지 큰길, 곧 왕의 길만 따라가겠습니다."

23-27 그러나 시혼은 이스라엘이 지나가는 것을 허락하지 않았다. 오히려 이스라엘과 싸우려고 군대를 소집하여 광야로 진격해 왔다. 그는 야하스에 이르러 이스라엘을 공격했다.

그러나 이스라엘이 맹렬히 싸워 그를 무찌르고, 아르논에서 압복, 곧 암몬의 경계에 이르기까지 그의 영토를 점령했다. 그들은 거기서 멈추었는데, 암몬의 경계가 요새화되어 있었기 때문이다. 이스라엘은 헤스본과 그 주변 모든 마을을 포함한 아모리 사람의 모든 성읍을 점령했다. 헤스본은 아모리 왕 시혼이 다스리던 수도였다. 시혼은 모압의 이전 왕을 공격해서 북쪽으로 아르논 강에 이르기까지 그의 모든 영토를 빼앗은 왕이다. 그래서 시인들은 이렇게 노래했다.

헤스본으로 와서 도성을 재건하여라.
시혼의 성읍을 복구하여라.

28-29 헤스본에서 불이 나오고
시혼의 도성에서 화염이 나와
모압의 아르를 불태우고
아르논 고원의 원주민들을 불살랐다.
화가 있을 것이다, 모압아!
그모스의 백성아, 너는 망했다!
네 아들들은 도망자가 되어 쫓기고, 네 딸들은 포로가 되어
아모리 왕 시혼에게 넘겨졌다.

30 그러나 우리가 그들을 죽였다.
헤스본에서 디본까지 남김없이 해치웠다.

노바까지 파괴했고

메드바까지 이르는 땅을 초토화시켰다.

31-32 이스라엘은 아모리 사람의 땅으로 이주하여 거기서 지냈다. 모세는 사람들을 보내어 야스엘을 정탐하게 했다. 이스라엘은 야스엘의 마을들을 점령하고, 그곳에 사는 아모리 사람을 쫓아냈다.

33 그들은 북쪽으로 방향을 바꾸어 바산 길로 나아갔다. 바산 왕 옥이 모세와 맞서 싸우려고 자기의 모든 군대를 거느리고 에드레이로 진격해 왔다.

34 하나님께서 모세에게 말씀하셨다. "그를 두려워하지 마라. 내가 그와 그의 온 백성과 그의 땅을 네게 선물로 주겠다. 헤스본에서 다스리던 아모리 왕 시혼에게 한 것처럼, 그를 처치하여라."

35 그들이 그와 그의 아들들과 그의 온 백성을 치니, 살아남은 자가 하나도 없었다. 이스라엘이 그 땅을 점령한 것이다.

모압 왕 발락과 발람

22 ¹ 이스라엘 백성이 계속 행진하여 요단-여리고 앞 모압 평야에 진을 쳤다.

2-3 십볼의 아들 발락은 이스라엘이 아모리 사람에게 한 일을 모두 들어 알고 있었다. 모압 백성은 이스라엘 때문에 잔뜩 겁을 먹었다. 이스라엘의 수가 너무 많았던 것이다! 그들

은 공포에 떨었다.

4-5 모압이 미디안의 지도자들에게 말했다. "보시오, 까마귀 떼가 시체의 살점을 말끔히 뜯어먹듯이, 이 무리가 우리를 남김없이 먹어 치우려 하고 있소."

그 당시, 모압의 왕은 십볼의 아들 발락이었다. 그는 브올의 아들 발람을 데려오라고 사신들을 보냈다. 발람은 자기 고향인 유프라테스 강가에 자리한 브돌에 살고 있었다.

5-6 발락의 사신들이 전할 말은 이러했다. "보시오, 한 백성이 이집트에서 나와 온 땅을 덮었소! 그들이 나를 맹렬히 압박하고 있소. 그들이 너무 벅차서 나로서는 감당할 수 없으니, 부디 와서, 나를 위해 그들을 저주해 주시오. 그러면 내가 그들을 치겠소. 우리가 그들을 공격해서, 이 땅에서 쫓아낼 수 있을 것이오. 당신의 명성은 익히 들어 알고 있소. 당신이 축복하는 자는 복을 받고, 당신이 저주하는 자는 저주를 받는다는 말을 들었소."

7-8 곧 모압의 지도자와 미디안의 지도자들이, 저주의 대가로 제공할 사례금을 단단히 챙겨서 길을 떠났다. 그들이 발람의 집에 이르러, 그에게 발락의 말을 전했다.

발람이 말했다. "오늘 밤은 여기서 지내십시오. 내일 아침에 **하나님**께서 내게 주시는 말씀을 여러분에게 알려 드리겠습니다."

모압의 귀족들은 그의 집에 머물렀다.

9 **하나님**께서 발람에게 오셔서 물으셨다. "너와 함께 있는

이 사람들은 누구냐?"

10-11 발람이 대답했다. "십볼의 아들인 모압 왕 발락이 사람들을 보내면서 이런 메시지를 전했습니다. '보시오, 이집트에서 나온 백성이 온 땅을 덮었소! 부디 와서, 나를 위해 그들을 저주해 주시오. 그러면 내가 그들을 공격해서, 이 땅에서 쫓아낼 수 있을 것이오.'"

12 하나님께서 발람에게 말씀하셨다. "그들과 함께 가지 마라. 그 백성은 복을 받은 백성이니, 그들을 저주하지 마라."

13 이튿날 아침에 발람이 일어나 발락의 귀족들에게 말했다. "돌아가십시오. **하나님**께서 내가 여러분과 함께 가는 것을 허락하지 않으십니다."

14 그리하여 모압의 귀족들은 길을 떠나 발락에게 돌아가서 말했다. "발람이 우리와 함께 오지 않으려고 합니다."

15-17 발락은 그들보다 지위가 높고 명망 있는 귀족들을 보냈다. 그들이 발람에게 가서 말했다. "십볼의 아들 발락이 이렇게 말씀합니다. '부디 거절하지 말고 내게 오시오. 당신을 극진히 예우하고 사례도 아낌없이 하겠소. 원하는 것이 무엇이든, 내가 다 들어주겠소. 얼마든지 사례할 테니, 그저 와서 저 백성을 저주해 주기만 하시오.'"

18-19 발람이 발락의 신하들에게 대답했다. "발락이 은과 금이 가득한 자기 집을 준다 해도, 나는 내 **하나님**의 명령을 어기고는 크든 작든 아무 일도 할 수 없습니다. 하지만 지난번에 오신 분들처럼 여러분도 오늘 밤 여기서 지내십시오. 이번에

는 **하나님**께서 어떻게 말씀하시는지 알아보겠습니다."

²⁰ 그날 밤, 하나님께서 발람에게 오셔서 말씀하셨다. "이 사람들이 너를 보려고 이렇게 왔으니, 그들과 함께 가거라. 그러나 내가 네게 말하는 것 외에는 절대 아무 일도 해서는 안된다."

²¹⁻²³ 발람은 아침에 일어나 나귀에 안장을 얹고, 모압에서 온 귀족들과 함께 길을 떠났다. 그러나 발람이 길을 나서자 하나님께서 진노하셨다. **하나님**의 천사가 그가 가는 것을 막으려고 길에 서 있었다. 발람은 나귀를 탔고, 하인 둘이 그와 함께 가고 있었다. 나귀는 천사가 길을 막고 서서 칼을 휘두르는 것을 보자, 급히 길에서 벗어나 도랑으로 뛰어들었다. 발람은 나귀를 때려 다시 길로 돌아가게 했다.

²⁴⁻²⁵ 그러나 그들이 길 양옆으로 울타리가 세워진 포도밭 사이로 지나갈 때, 나귀는 길을 막고 선 **하나님**의 천사를 다시 보게 되었다. 나귀는 울타리 쪽으로 몸을 붙여, 발람의 발이 울타리에 짓눌리게 했다. 그러자 발람이 다시 나귀를 때렸다.

²⁶⁻²⁷ **하나님**의 천사가 또다시 길을 막아섰다. 이번에는 길목이 매우 비좁아서, 오른쪽으로도 왼쪽으로도 빠져나갈 틈이 없었다. 발람의 나귀는 천사를 보자 그만 주저앉고 말았다. 발람은 화가 치밀어, 지팡이로 나귀를 때렸다.

²⁸ 그때 **하나님**께서 나귀의 입을 열어 주셨다. 나귀가 발람에게 말했다. "도대체 제가 당신께 무엇을 잘못했기에 저를

이렇게 세 번씩이나 때리십니까?"

²⁹ 발람이 말했다. "네가 나를 가지고 놀지 않았느냐! 내게 칼이 있었으면, 벌써 너를 죽였을 것이다."

³⁰ 나귀가 발람에게 말했다. "이때까지 저는 여러 해 동안 당신의 충실한 나귀가 아니었습니까? 제가 전에 당신에게 이와 같은 짓을 한 적이 있습니까? 말씀해 보십시오."

그가 말했다. "없다."

³¹ 그때 **하나님**께서 발람의 눈을 열어 상황을 보게 해주셨다. 그가 보니, **하나님**의 천사가 길을 막고 서서 칼을 휘두르고 있었다. 발람이 얼굴을 땅에 대고 엎드렸다.

³²⁻³³ **하나님**의 천사가 그에게 말했다. "너는 어째서 네 불쌍한 나귀를 이렇게 세 번씩이나 때렸느냐? 네가 성급히 길을 나서기에 내가 너를 막으려고 왔다. 나귀가 나를 보고, 내게서 세 번이나 비켜났다. 그러지 않았으면, 내가 벌써 너를 죽이고 나귀는 살려서 풀어 주었을 것이다."

³⁴ 발람이 **하나님**의 천사에게 말했다. "제가 잘못했습니다. 당신께서 저를 막으시려고 길에 서 계신 줄 몰랐습니다. 제가 하려는 일을 기뻐하지 않으시면 돌아가겠습니다."

³⁵ **하나님**의 천사가 발람에게 말했다. "그들과 함께 가거라. 다만 내가 네게 일러 주는 것만 말하여라. 다른 말은 절대로 해서는 안된다."

그리하여 발람은 발락의 귀족들과 함께 갔다.

³⁶ 발락은 발람이 오고 있다는 소식을 듣고, 그를 마중하러 자기 영토의 경계 아르논 강가에 자리한 모압 사람의 성읍으로 나갔다.

³⁷ 발락이 발람에게 말했다. "내가 긴급한 전갈을 보내 도움을 요청하지 않았소? 내가 부를 때 왜 오지 않았소? 내가 넉넉하게 사례하지 못할 것이라고 생각한 것이오?"

³⁸ 발람이 발락에게 말했다. "내가 이렇게 오지 않았습니까. 그러나 나는 아무것도 알려 드릴 수 없습니다. 나는 하나님께서 내게 주시는 말씀만 전할 수 있습니다. 다른 말은 한 마디도 할 수 없습니다."

³⁹⁻⁴⁰ 발람은 발락과 함께 기럇후솟(중심가)으로 갔다. 발락은 소와 양을 잡아 제물로 바치고, 그 제물을 발람과 그와 함께한 귀족들에게 선물했다.

⁴¹ 이튿날 새벽에 발락이 발람을 데리고 이스라엘 백성 일부가 잘 보이는 바못바알(바알의 산당)로 올라갔다.

발람의 예언

23

¹ 발람이 말했다. "여기에 제단 일곱을 쌓고, 수소 일곱 마리와 숫양 일곱 마리를 준비해 주십시오."

² 발락은 발람의 말대로 했다. 발람과 발락은 제단마다 수소와 숫양을 한 마리씩 바쳤다.

³ 발람이 발락에게 지시했다. "왕은 여기 왕의 번제물 곁에

서서 지키고 계십시오. 나 혼자 다녀오겠습니다. 어쩌면 **하나님**께서 오셔서 나를 만나 주실지도 모르겠습니다. 그분께서 내게 보여주거나 알려 주는 것은 무엇이든, 왕께 전해 드리겠습니다." 그러고 나서 그는 혼자 갔다.

⁴ 하나님께서 발람을 만나 주셨다. 발람이 아뢰었다. "제가 제단 일곱을 쌓고, 제단마다 수소와 숫양을 한 마리씩 바쳤습니다."
⁵ **하나님**께서 발람에게 메시지를 주셨다. "발락에게 돌아가 이 메시지를 전하여라."
⁶⁻¹⁰ 발람이 발락에게 돌아가 보니, 그는 모압의 모든 귀족과 함께 자기 번제물 곁에 서 있었다. 발람은 자신이 받은 예언의 메시지를 전했다.

발락이 아람에서,
모압 왕이 동쪽 산지에서 나를 이곳으로 데리고 왔다.
"와서, 나를 위해 야곱을 저주해 주시오.
와서, 이스라엘에게 악담을 퍼부어 주시오."
하나님께서 저주하지 않은 저들을 내가 어찌 저주하겠는가?
하나님께서 악담을 퍼부으시지 않은 저들에게 내가 어찌 악담을 퍼붓겠는가?
내가 바위산 봉우리에서 그들을 바라보고

언덕 꼭대기에서 그들을 굽어본다.
보라, 홀로 떨어져 진을 친 백성을!
그들은 민족들 가운데서 자신을 이방인으로 여긴다.
야곱의 흙먼지를 누가 헤아리며,
티끌 구름 같은 이스라엘의 수를 누가 셀 수 있으랴?
나는 바르게 사는 이 백성처럼 죽기를 바란다!
나의 최후가 그들과 같기를 원한다!

¹¹ 발락이 발람에게 말했다. "이게 무슨 짓이오? 나의 원수
들을 저주해 달라고 당신을 데려왔더니, 당신은 그들에게
축복만 하고 있잖소."
¹² 발람이 대답했다. "**하나님**께서 내게 주시는 말씀만 주의
해서 전해야 하지 않겠습니까?"

¹³ 발락이 발람에게 말했다. "나와 함께 다른 곳으로 갑시
다. 거기서도 그들의 진 끝자락만 볼 수 있고, 전체는 볼 수
없을 것이오. 거기서 나를 위해 그들을 저주해 주시오."
¹⁴ 그는 발람을 비스가 산 꼭대기에 있는 '파수꾼의 풀밭'으
로 데려갔다. 그는 거기에다 제단 일곱을 쌓고, 제단마다 수
소와 숫양을 한 마리씩 바쳤다.
¹⁵ 발람이 발락에게 말했다. "내가 저쪽에서 **하나님**을 뵙는
동안, 왕께서는 왕의 번제물 곁에 서 계십시오."

¹⁶ 하나님께서 발람을 만나 주시고 그에게 메시지를 주셨다.
"발락에게 돌아가 이 메시지를 전하여라."

¹⁷⁻²⁴ 발람이 발락에게 돌아가 보니, 그는 모압의 귀족들과
함께 자기 번제물 곁에 서 있었다. 발락이 발람에게 말했다.
"하나님께서 뭐라고 하셨소?" 그러자 발람이 자신이 받은
예언의 메시지를 전했다.

발락아, 일어서서 들어라.
십볼의 아들아, 잘 들어라.
하나님은 사람이 아니시니 거짓을 말하지 않으시며
사람의 아들이 아니시니 마음을 바꾸지 않으신다.
그분께서 말씀만 하시고 행하지 않으시겠느냐?
그분께서 약속만 하시고 지키지 않으시겠느냐?
나는 축복하라고 이곳에 보내졌고
그분께서 복을 내리셨다. 그러니 내가 어찌 그것을 바꿀
수 있으랴?
그분께서 야곱에게 아무 불만이 없으시고
이스라엘에게서 어떤 잘못도 찾지 못하신다.
하나님께서 그들과 함께 계시고,
그들이 그분과 함께하면서 자신들의 왕이신 그분께 소리
높여 찬양한다.
하나님께서 그들을 이집트에서 이끌어 내셨으니,
그 행하심이 사나운 들소와도 같았다.

야곱을 결박할 마술이 없고
이스라엘을 방해할 술법도 없다.
사람들이 야곱과 이스라엘을 보고 말하리라.
"하나님께서 행하신 일이 어찌 그리 큰가!"
보라, 사자처럼 제 발로 일어나 기지개를 켜는 백성을,
눈을 떴다 하면 사냥이 끝날 때까지
배불리 먹고 마실 때까지
눕지도 쉬지도 않는 맹수의 제왕 같은 백성을.

25 발락이 발람에게 말했다. "좋소. 그들을 저주할 수 없다면, 적어도 축복하지는 마시오."
26 발람이 발락에게 대답했다. "무엇이든 하나님께서 말씀하시는 것만 전하겠다고 내가 전에 말씀드리지 않았습니까?"

27-28 발락이 발람에게 말했다. "내가 당신을 다른 곳으로 데리고 가겠소. 우리가 하나님의 눈에 드는 좋은 자리를 찾으면, 당신이 나를 위해 그들을 저주할 수 있을지도 모르니 말이오." 그래서 발락은 발람을 데리고 여시몬(황무지)이 내려다보이는 브올 산 꼭대기로 갔다.
29 발람이 발락에게 말했다. "나를 위해 이곳에 제단 일곱을 쌓고, 제물로 수소 일곱 마리와 숫양 일곱 마리를 준비해 주

십시오."

³⁰ 발락이 그대로 한 뒤에 제단마다 수소와 숫양을 한 마리
씩 바쳤다.

발람의 마지막 메시지

24 ¹⁻³ 그때에 발람은 **하나님**께서 이스라엘에게 복
을 내리고 싶어 하신다는 것을 깨달았다. 그래
서 그는 전에 하던 것처럼 마술을 쓰지 않고, 고개를 돌려
광야 쪽을 바라보았다. 발람이 보니, 이스라엘이 지파별로
진을 친 것이 보였다. 하나님의 영이 그에게 임하여, 그가
예언의 메시지를 선포했다.

³⁻⁹ 브올의 아들 발람이 전하는 말이다.
눈이 매우 밝은 사람이 전하는 말이다.
하나님께서 하시는 말씀을 듣는 사람,
강하신 하나님께서 보여주시는 것을 보는 사람,
얼굴을 땅에 대고 엎드려 예배하는 사람,
실제 무슨 일이 일어나고 있는지 아는 사람의 말이다.

야곱아, 너의 장막이
이스라엘아, 너의 안식처가 어찌 그리 아름다우냐!
멀리 뻗은 계곡 같고
강가에 가꾸어 놓은 정원 같구나.

정원사 **하나님**께서 심으신 달콤한 향초 같고
못가와 샘물가에서 자라는 붉은 삼나무 같구나.
그들의 물동이에서는 물이 넘치고
그들의 씨는 도처에 퍼지리라.
그들의 왕은 아각과 그 일족보다 뛰어나고
그들의 왕국은 위세를 크게 떨치리라.
하나님께서 그들을 이집트에서 이끌어 내셨으니,
그 행하심이 사나운 들소와도 같았다.
원수들을 고기 조각 삼키듯 하시는 분,
원수들의 **뼈**를 가루로 만드시고, 그들의 화살을 꺾으시
는 분.
이스라엘이 사자처럼 웅크리고
맹수의 제왕처럼 잠을 자니, 누가 그를 방해하랴?
너를 축복하는 사람은 누구나 복을 받고
너를 저주하는 사람은 누구나 저주를 받으리라.

10-11 발락이 크게 화가 나서 주먹을 불끈 쥐며 발람에게 말
했다. "나는 원수들을 저주해 달라고 당신을 이곳으로 부른
것인데, 당신은 무엇을 한 것이오? 그들을 축복하다니! 그
것도 세 번씩이나! 썩 물러가시오! 고향으로 돌아가시오!
당신에게 후히 사례하겠다고 했지만, 나는 아무것도 줄 수
없소. 당신은 **하나님**을 탓해야 할 것이오."
12-15 발람이 발락에게 말했다. "왕께서 사신들을 보내셨을

때, 내가 미리 말씀드리지 않았습니까? '발락이 자기 궁궐에 은과 금을 가득 채워 내게 준다 해도, 나는 **하나님**의 명령을 어기고는 선하든 악하든 아무 일도 내 마음대로 할 수 없습니다' 하고 말입니다. 이제 나는 고향으로, 내 백성에게로 갑니다. 장차 이 백성이 왕의 백성에게 어떻게 할 것인지 알려 드리겠습니다." 그러고 나서 그는 자신이 받은 예언의 메시지를 선포했다.

15-19 브올의 아들 발람이 전하는 말이다.
눈이 매우 밝은 사람이 전하는 말이다.
하나님의 말씀을 듣는 사람,
지극히 높으신 하나님께 무슨 일이 일어나고 있는지 아는 사람,
강하신 하나님께서 보여주시는 것을 보는 사람,
엎드려 예배하고 무엇이 실재인지 아는 사람의 말이다.
나는 그분을 보지만, 지금은 아니다.
나는 그분을 감지하지만, 여기서는 아니다.
한 별이 야곱에게서 솟아나고
한 홀이 이스라엘에게서 일어나리라.
그는 모압의 머리를,
시끄러운 수다쟁이의 두개골을 가루로 만들리라.
나는 에돔이 경매로 팔리고
원수 세일이 벼룩시장에 헐값에 넘겨지는 것을 본다.

그러나 이스라엘은 전리품을 차지한다.
한 통치자가 야곱에게서 나와
그 도시에 남아 있는 것을 파괴하리라.

❧

²⁰ 그런 다음 발람은 아말렉을 바라보며 예언의 메시지를 전
했다.

아말렉아, 너는 지금 민족들 가운데서 으뜸이지만
마지막이 되어, 멸망하리라.

❧

²¹⁻²² 그는 또 겐 족속을 바라보며 예언의 메시지를 전했다.

네 안식처는 꽤 안전한 곳에 있어서
낭떠러지 높은 곳에 있는 보금자리 같다.
그러나 앗수르가 너를 포로로 잡아갈 때
너 겐 족속은 바보 같아 보이리라.

❧

²³⁻²⁴ 발람은 마지막 예언의 메시지를 선포했다.

화가 있으리라! 하나님께서 이 일을 시작하실 때

누가 살아남으랴?
바닷가의 민족들, 바다를 건너온 침략자들이
앗수르와 에벨을 괴롭히겠지만,
그들도 다른 민족들처럼
사라지고 말리라.

²⁵ 발람은 일어나 고향으로 돌아갔다. 발락도 자기 길로 갔다.

싯딤에서 벌어진 음란한 바알 숭배

25 ¹⁻³ 이스라엘이 싯딤(아카시아 숲)에서 장막을 치고 머무는 동안, 남자들이 모압 여자들과 성관계를 갖기 시작했다. 이 사건은 모압 여자들이 음란한 종교 의식에 남자들을 초대하면서 시작되었다. 그 남자들은 모압 여자들과 함께 음식을 먹고 그들의 신들에게 절했다. 이스라엘은 결국 브올의 신 바알을 숭배하는 의식에 참여하고 말았다. **하나님**께서 진노하셔서, 이스라엘에게 화를 발하셨다.

⁴ **하나님**께서 모세에게 말씀하셨다. "이스라엘의 지도자들을 모두 잡아다가 목매달아 처형하고, 그들의 주검을 누구나 볼 수 있도록 버려두어라. 그래야만 **하나님**의 진노가 이스라엘에서 떠날 것이다."

⁵ 모세가 이스라엘의 재판관들에게 지시했다. "여러분 관할 아래 있는 남자들 가운데 바알브올 숭배에 가담한 자들을 찾아 처형하십시오."

6-9 모든 사람이 회막 입구에서 참회의 눈물을 흘리고 있을 때, 이스라엘 남자 하나가 모세와 온 회중 앞에서 자기 행동을 과시하듯 당당하게 미디안 여자를 데리고 자기 가족의 장막으로 들어갔다. 제사장 아론의 손자이자 엘르아살의 아들인 비느하스가 그의 하는 짓을 보고, 창을 쥐고 그들을 뒤쫓아 장막으로 들어갔다. 그는 창 하나로 두 사람을 꿰뚫었는데, 창이 이스라엘 남자와 그 여자의 배를 단번에 관통했다. 그러자 이스라엘 백성 가운데 퍼지던 전염병이 그쳤다. 그러나 이미 24,000명이 죽은 뒤였다.

10-13 **하나님**께서 모세에게 말씀하셨다. "제사장 아론의 손자이자 엘르아살의 아들인 비느하스가 이스라엘 백성을 향한 나의 진노를 그치게 했다. 그가 나의 영광을 위해 나만큼 열심을 다했으므로, 내가 질투로 이스라엘 백성을 다 죽이지는 않았다. 그러니 내가 그와 평화의 언약을 맺을 것이라고 일러 주어라. 내가 그와는 물론이고 그의 후손과도 영원한 제사장직의 언약을 맺을 것이다. 그가 자기 하나님을 위해 열심을 다했고, 이스라엘 백성을 위해 속죄했기 때문이다."

14-15 미디안 여자와 함께 처형된 이스라엘 남자의 이름은 살루의 아들 시므리였다. 살루는 시므온 지파 가문의 우두머리였다. 처형된 미디안 여자의 이름은 수르의 딸 고스비였다. 수르는 미디안 족속 한 가문의 우두머리였다.

16-18 **하나님**께서 모세에게 말씀하셨다. "이제부터는 미디안

사람을 적으로 여겨라. 온 힘을 다해 그들을 쳐라. 그들은
브올에서 생겼던 일과 그 일로 인해 전염병이 돌았을 때 처
형된 미디안 지도자의 딸 고스비의 일로 너희를 꾀어, 너희
의 적이 되고 말았다.”

모압 평야에서 실시한 두 번째 인구조사

26 ¹⁻² 전염병이 그친 뒤에 **하나님**께서 모세와 제사
장 아론의 아들 엘르아살에게 말씀하셨다. “이
스라엘 온 공동체의 수를 가문별로 세어라. 스무 살 이상 된
남자로, 이스라엘 군에 복무할 수 있는 사람의 수를 모두 세
어라.”

³⁻⁴ 모세와 제사장 엘르아살은 **하나님**의 명령에 순종하여 요
단-여리고 앞 모압 평야에서 백성에게 말했다. “스무 살 이
상 된 사람의 수를 세십시오!”

⁴⁻⁷ 이집트 땅에서 나온 이스라엘 백성은 이러하다.
이스라엘의 맏아들 르우벤의 자손은 이러하다.
하녹과 하녹 가문
발루와 발루 가문
헤스론과 헤스론 가문
갈미와 갈미 가문.
이들은 르우벤 가문이며, 계수된 사람은 43,730명이다.
⁸ 발루의 아들은 엘리압이다.

9-11 엘리압의 아들은 느무엘, 다단, 아비람이다. (다단과 아비람은 고라 무리에서 뽑힌 공동체 지도자들로, 고라와 함께 모세와 아론에게 반기를 들어 하나님께 반역한 자들이다. 불이 250명을 집어삼킬 때, 땅이 입을 벌려 고라 무리와 함께 그들도 삼켜 버렸다. 세월이 지난 지금도 그들은 경고의 표징으로 남아 있다. 그러나 고라의 자손이 다 죽어 없어진 것은 아니었다.)

12-14 가문별로 본 시므온의 자손은 이러하다.
느무엘과 느무엘 가문
야민과 야민 가문
야긴과 야긴 가문
세라와 세라 가문
사울과 사울 가문.
이들은 시므온 가문이며, 계수된 사람은 22,200명이다.

15-18 가문별로 본 갓의 자손은 이러하다.
스본과 스본 가문
학기와 학기 가문
수니와 수니 가문
오스니와 오스니 가문
에리와 에리 가문
아롯과 아롯 가문
아렐리와 아렐리 가문.

이들은 갓 가문이며, 계수된 사람은 40,500명이다.

¹⁹⁻²² 유다의 아들 에르와 오난은 가나안 땅에서 일찍 죽었
다. 가문별로 본 유다의 자손은 이러하다.
셀라와 셀라 가문
베레스와 베레스 가문
세라와 세라 가문.
베레스의 자손은 이러하다.
헤스론과 헤스론 가문
하물과 하물 가문.
이들은 유다 가문이며, 계수된 사람은 76,500명이다.

²³⁻²⁵ 가문별로 본 잇사갈의 자손은 이러하다.
돌라와 돌라 가문
부와와 부니 가문
야숩과 야숩 가문
시므론과 시므론 가문.
이들은 잇사갈 가문이며, 계수된 사람은 64,300명이다.

²⁶⁻²⁷ 가문별로 본 스불론의 자손은 이러하다.
세렛과 세렛 가문
엘론과 엘론 가문
얄르엘과 얄르엘 가문.

이들은 스불론 가문이며, 계수된 사람은 60,500명이다.

28-34 가문별로 본 요셉의 자손은 므낫세와 에브라임으로 나뉜다. 므낫세의 자손은 이러하다.

마길과 마길 가문

(마길은 길르앗의 아버지다)

길르앗과 길르앗 가문.

길르앗의 자손은 이러하다.

이에셀과 이에셀 가문

헬렉과 헬렉 가문

아스리엘과 아스리엘 가문

세겜과 세겜 가문

스미다와 스미다 가문

헤벨과 헤벨 가문.

헤벨의 아들 슬로브핫은 아들은 없고 딸만 있었다.

그 딸들의 이름은 말라, 노아, 호글라, 밀가, 디르사다.

이들은 므낫세 가문이며, 계수된 사람은 52,700명이다.

35-37 가문별로 본 에브라임의 자손은 이러하다.

수델라와 수델라 가문

베겔과 베겔 가문

다한과 다한 가문.

수델라의 자손은 이러하다.

에란과 에란 가문.
이들은 에브라임 가문이며, 계수된 사람은 32,500명이다.
이들은 가문별로 본 요셉의 자손이다.

38-41 가문별로 본 베냐민의 자손은 이러하다.
벨라와 벨라 가문
아스벨과 아스벨 가문
아히람과 아히람 가문
수부밤과 수부밤 가문
후밤과 후밤 가문.
아룻과 나아만으로 나뉘는 벨라의 자손은 이러하다.
아룻과 아룻 가문
나아만과 나아만 가문.
이들은 베냐민 가문이며, 계수된 사람은 45,600명이다.

42-43 가문별로 본 단의 자손은 이러하다.
수함과 수함 가문.
이들은 단 가문이며, 모두 수함 가문이다. 계수된 사람은
64,400명이다.

44-47 가문별로 본 아셀의 자손은 이러하다.
임나와 임나 가문
이스위와 이스위 가문

브리아와 브리아 가문.
브리아의 자손은 이러하다.
헤벨과 헤벨 가문
말기엘과 말기엘 가문.
아셀은 딸 세라를 두었다.
이들은 아셀 가문이며, 계수된 사람은 53,400명이다.

48-50 가문별로 본 납달리의 자손은 이러하다.
야스엘과 야스엘 가문
구니와 구니 가문
예셀과 예셀 가문
실렘과 실렘 가문.
이들은 납달리 가문이며, 계수된 사람은 45,400명이다.

51 계수된 이스라엘 백성은 모두 601,730명이다.

52-54 **하나님**께서 모세에게 말씀하셨다. "인구수에 따라 그
땅을 유산으로 나누어 주어라. 수가 많은 지파는 많은 유산
을 받고, 수가 적은 지파는 적은 유산을 받는다. 각 지파마
다 계수된 인구수에 따라 유산을 받는다.
55-56 반드시 제비뽑기로 그 땅을 나누어라.
각 지파의 유산은 인구수, 곧 각 조상의 지파에 이름을 올린

사람들의 수를 근거로, 수가 많은 지파와 수가 적은 지파 사이에서 제비뽑기로 나누어야 한다."

❧

57-58 가문별로 계수된 레위인은 이러하다.

게르손과 게르손 가문

고핫과 고핫 가문

므라리와 므라리 가문.

레위 가문에는 다음 가문들도 포함된다.

립니 가문

헤브론 가문

마흘리 가문

무시 가문

고라 가문.

58-61 고핫은 아므람을 낳았다. 아므람의 아내는 요게벳으로, 이집트에서 레위 가문에 태어난 레위 자손이다. 요게벳은 아므람에게서 아론과 모세와 그들의 누이 미리암을 낳았다. 아론은 나답과 아비후, 엘르아살, 이다말의 아버지다. 나답과 아비후는 규정에 어긋난 제물을 **하나님** 앞에 드리다가 죽었다.

62 태어난 지 한 달 이상 된 레위 남자의 수는 23,000명에 달했다. 그들은 땅을 유산으로 받지 않았으므로 나머지 이스라엘 백성과 함께 계수되지 않았다.

⁶³⁻⁶⁵ 이들은 모세와 제사장 엘르아살이 요단-여리고 앞 모
압 평야에서 계수한 이스라엘 백성이다. 모세와 제사장 아
론이 시내 광야에서 이스라엘 백성을 상대로 인구조사를 실
시할 때 계수한 사람들은 단 한 사람도 여기에 포함되지 않
았다. 이는 **하나님**께서 그들을 두고 "그들은 죽을 것이다.
광야에서 죽을 것이다. 여분네의 아들 갈렙과 눈의 아들 여
호수아 외에는 한 사람도 살아남지 못할 것이다" 하고 말씀
하셨기 때문이다.

슬로브핫의 딸들

27 ¹ 슬로브핫의 딸들이 앞으로 나왔다. 그들의 아
버지 슬로브핫은 요셉의 아들 므낫세 가문에 속
한 사람으로, 헤벨의 아들이고 길르앗의 손자이며 마길의
증손이고 므낫세의 현손이었다. 그 딸들의 이름은 말라, 노
아, 호글라, 밀가, 디르사였다.

²⁻⁴ 그들이 회막 입구로 가서, 모세와 제사장 엘르아살과 지
도자들과 회중 앞에 서서 말했다. "저희 아버지는 광야에서
돌아가셨습니다. 그분은 **하나님**께 반역한 고라 무리와 함께
하지 않았습니다. 그분은 자신의 죄 때문에 돌아가셨습니
다. 아버지는 아들을 두지 않으셨습니다. 그런데 아들이 없
어서 저희 아버지의 이름이 가문에서 **빠져야** 한다니, 어찌
된 것입니까? 저희 아버지의 친척들과 함께 저희도 유산을
물려받게 해주십시오."

⁵ 모세가 그들의 사정을 하나님께 아뢰었다.

⁶⁻⁷ 하나님께서 판결해 주셨다. "슬로브핫의 딸들의 말이 옳다. 그 아버지의 친척들과 함께 그 딸들에게도 땅을 유산으로 주어라. 그 아버지의 유산을 그들에게 주어라.

⁸⁻¹¹ 또 이스라엘 백성에게 이렇게 일러 주어라. 어떤 사람이 아들을 두지 않고 죽으면, 그의 유산을 그의 딸에게 주어라. 딸이 없으면, 그의 형제에게 주어라. 형제가 없으면, 그의 아버지의 형제에게 주어라. 그의 아버지에게 형제가 없으면, 가장 가까운 친척에게 주어, 유산이 그 집안에 남아 있게 하여라. 이것은 하나님이 모세를 통해 명령한 대로, 이스라엘 백성이 지켜야 하는 율례다."

모세의 후계자, 여호수아

¹²⁻¹⁴ 하나님께서 모세에게 말씀하셨다. "너는 아바림 산에 올라가서, 내가 이스라엘 백성에게 주려고 하는 땅을 바라보아라. 그 땅을 본 뒤에는 너도 죽어서, 네 형 아론을 따라 네 조상에게 돌아가게 될 것이다. 이는 온 회중이 신 광야에서 물 문제로 다툴 때, 너희가 그들 앞에서 거룩한 경외심으로 나를 대하지 않았기 때문이다. 신 광야의 가데스에서 있었던 므리바(다툼)의 물 사건을 두고 하는 말이다."

¹⁵⁻¹⁷ 모세가 하나님께 대답했다. "하나님, 살아 있는 모든 이에게 영을 주시는 하나님, 이 공동체 위에 한 사람을 세우셔서, 그가 이들을 이끌게 해주십시오. 그가 이들 앞에서 길을

제시하기도 하고 공동체를 이끌고 돌아오게도 해주십시오. 그래서 **하나님**의 공동체가 목자 없는 양처럼 되지 않게 해주십시오."

18-21 **하나님**께서 모세에게 말씀하셨다. "눈의 아들 여호수아를 데려오너라. 그의 안에는 하나님의 영이 있다! 그에게 네 손을 얹어라. 그를 제사장 엘르아살과 온 회중 앞에 세우고, 모든 사람이 보는 앞에서 그를 후계자로 임명하여라. 네 권위를 그에게 넘겨주어, 온 이스라엘 백성이 그의 말에 순종하게 하여라. 그는 제사장 엘르아살의 조언을 구해야 한다. 그러면 제사장은 우림의 판결을 사용해 **하나님** 앞에서 기도하며 그에게 조언해 줄 것이다. 그는 이스라엘 백성, 곧 온 공동체의 출입을 지휘하게 될 것이다."

22-23 모세는 **하나님**의 명령을 따라 그대로 행했다. 그는 여호수아를 데려다가, 제사장 엘르아살과 온 공동체 앞에 세웠다. 그리고 **하나님**께서 명령하신 대로, 그에게 손을 얹어 그를 후계자로 임명했다.

하나님께 드리는 제물

28

1-8 **하나님**께서 모세에게 말씀하셨다. "이스라엘 백성에게 명령하여라. 그들에게 이렇게 일러 주어라. 너희는 나의 음식, 곧 불살라 바쳐서 나를 기쁘게 하는 향기로운 제물을 정해진 때에 바쳐야 한다. 그들에게 또 이렇게 일러 주어라. 너희가 **하나님**에게 바쳐야 하는 불살

라 바치는 제물은 이러하다. 일 년 된 건강한 어린 숫양 두 마리를 매일 번제물로 바치되, 한 마리는 아침에 바치고 다른 한 마리는 저녁에 바쳐라. 또 고운 곡식 가루 2리터에 올리브기름 1리터를 섞어서 곡식 제물로 함께 바쳐라. 이는 시내 산에서 제정된 표준 번제로, **하나님**을 기쁘게 하는 향기요 불살라 바치는 제물이다. 이것과 함께 바칠 부어 드리는 제물은 어린 숫양 한 마리에 독한 술 1리터로 한다. 부어 드리는 제물은 성소에서 **하나님** 앞에 부어 바쳐라. 저녁에 두 번째 어린 숫양을 바칠 때도 아침에 한 것처럼 곡식 제물과 부어 드리는 제물을 함께 바쳐라. 이것은 불살라 바치는 제물이며, **하나님**을 기쁘게 하는 향기다."

9-10 "안식일에는 일 년 된 어린 숫양 두 마리를 바치되, 고운 곡식 가루 4리터에 기름 섞은 곡식 제물과 부어 드리는 제물을 함께 바쳐라. 이것은 매일 바치는 번제와, 거기에 딸린 부어 드리는 제물 외에 안식일마다 바치는 번제다."

11 "매월 초에 **하나님**에게 번제를 바칠 때는, 수송아지 두 마리, 숫양 한 마리, 일 년 된 어린 숫양 일곱 마리를 바쳐라. 그것들은 모두 건강한 것이어야 한다.

12-14 수송아지 한 마리에 기름 섞은 고운 곡식 가루 6리터

를 곡식 제물로 함께 바치고, 숫양 한 마리에 기름 섞은 고운 곡식 가루 4리터를 함께 바치며, 어린 숫양 한 마리에 기름 섞은 고운 곡식 가루 2리터를 함께 바쳐라. 이는 번제요, **하나님**을 기쁘게 하는 향기며, 불살라 바치는 제물이다. 이것과 함께 부어 드리는 제물은, 수송아지 한 마리에 포도주 2리터, 숫양 한 마리에 포도주 1.25리터, 어린 숫양 한 마리에 포도주 1리터를 바쳐야 한다.

14-15 이것은 일 년 내내 매월 초에 바쳐야 하는 번제다. 매일 바치는 번제와 거기에 딸린 부어 드리는 제물 외에도, 숫염소 한 마리를 속죄 제물로 **하나님**에게 바쳐야 한다."

16-17 "**하나님**의 유월절은 첫째 달 십사 일에 지켜야 한다. 그 달 십오 일에 절기가 시작된다.

17-22 칠 일 동안은 누룩을 넣지 않은 **빵**을 먹어야 한다. 첫째 날은 거룩한 예배로 시작하여라. 그날은 평소에 하던 일은 아무것도 하지 마라. **하나님**에게 불살라 바치는 제물로 번제를 바치되, 수송아지 두 마리, 숫양 한 마리, 일 년 된 어린 숫양 일곱 마리를 모두 건강한 것으로 가져오너라. 고운 곡식 가루에 기름 섞은 곡식 제물을 준비하되, 수송아지 한 마리에 6리터, 숫양 한 마리에 4리터, 어린 숫양 한 마리에 2리터를 준비하여라. 거기에 너희를 위해 속죄할 속죄 제물로 숫염소 한 마리를 준비하여라.

²³⁻²⁴ 아침마다 바치는 번제 외에 이것들을 별도로 바쳐야 한다. 이렇게 칠 일 동안 날마다 불살라 바치는 제물, 곧 하나님을 기쁘게 하는 향기로 음식을 준비하여라. 매일 바치는 번제물과 부어 드리는 제물 외에 별도로 이것을 준비하여라.

²⁵ 칠 일째 되는 날은 거룩한 예배로 마무리하여라. 그날은 평소에 하던 일은 아무것도 하지 마라."

❧

²⁶⁻³⁰ "첫 열매를 바치는 날, 곧 하나님에게 첫 수확물을 가져오는 칠칠절에는 거룩한 예배로 모이고, 평소에 하던 일은 아무것도 하지 마라. 불살라 바쳐서 하나님을 기쁘게 하는 향기로운 제물로 수송아지 두 마리, 숫양 한 마리, 일 년 된 어린 숫양 일곱 마리를 가져오너라. 그것들은 모두 건강한 것이어야 한다. 고운 곡식 가루에 기름 섞은 곡식 제물을 준비하되, 수송아지 한 마리에 6리터, 숫양 한 마리에 4리터, 어린 숫양 한 마리에 2리터를 준비하여라. 거기에 너희를 위해 속죄할 속죄 제물로 숫염소 한 마리를 준비하여라.

³¹ 이것은 매일 바치는 번제와 거기에 딸린 곡식 제물과 부어 드리는 제물 외에 별도로 바쳐야 하는 제물이다. 잊지 마라, 그 짐승들은 건강한 것이어야 한다."

❧

29 ¹⁻⁵ "일곱째 달 첫째 날에는 거룩한 예배로 모이고, 평소에 하던 일은 아무것도 하지 마라. 이날은 너희가 나팔을 부는 날이다. 너희는 번제를 드리되, 수송아지 한 마리, 숫양 한 마리, 일 년 된 어린 숫양 일곱 마리를 **하나님을** 기쁘게 하는 향기로 바쳐라. 그것들은 모두 건강한 것이어야 한다. 고운 곡식 가루에 기름 섞은 곡식 제물을 준비하되, 수송아지 한 마리에 6리터, 숫양 한 마리에 4리터, 어린 숫양 한 마리에 2리터를 준비하여라. 거기에 너희를 위해 속죄할 속죄 제물로 숫염소 한 마리를 준비하여라.

⁶ 이것은 규정에 따라 매달 바치는 번제와 매일 바치는 번제와 거기에 딸린 곡식 제물과 부어 드리는 제물 외에 별도로 바쳐야 하는 것으로, **하나님을** 기쁘게 하는 향기요 불살라 바치는 제물이다."

❧

⁷ "이 일곱째 달 십 일에 너희는 거룩한 예배로 모이고, 자신을 낮추고, 아무 일도 하지 마라.

⁸⁻¹¹ 수송아지 한 마리, 숫양 한 마리, 일 년 된 어린 숫양 일곱 마리를 **하나님을** 기쁘게 하는 향기로 바칠 번제물로 가져오너라. 그것들은 모두 건강한 것이어야 한다. 고운 곡식 가루에 기름 섞은 곡식 제물을 준비하되, 수송아지 한 마리

에 6리터, 숫양 한 마리에 4리터를 준비하고, 어린 숫양 일곱 마리의 경우에는 한 마리에 2리터씩 준비하여라. 매일 바치는 번제와 거기에 딸린 곡식 제물과 부어 드리는 제물 외에, 숫염소 한 마리를 너희를 위해 속죄할 속죄 제물로 가져오너라."

12-16 "일곱째 달 십오 일에 거룩한 예배로 모이고, 평소에 하던 일은 아무것도 하지 마라. 칠 일 동안 하나님 앞에서 절기를 지켜라. 수송아지 열세 마리, 숫양 두 마리, 일 년 된 어린 숫양 열네 마리를 **하나님**을 기쁘게 하는 향기로 바칠 번제물로 가져오너라. 그것들은 모두 건강한 것이어야 한다. 고운 곡식 가루에 기름 섞은 곡식 제물을 준비하되, 수송아지 한 마리에 6리터, 숫양 한 마리에 4리터를 준비하고, 어린 숫양 열네 마리의 경우에는 한 마리에 2리터씩 준비하여라. 매일 바치는 번제와 거기에 딸린 곡식 제물과 부어 드리는 제물 외에, 숫염소 한 마리를 너희를 위해 속죄할 속죄 제물로 가져오너라.

17-19 둘째 날에는 수송아지 열두 마리, 숫양 두 마리, 일 년 된 어린 숫양 열네 마리를 가져오너라. 그것들은 모두 건강한 것이어야 한다. 곡식 제물과 부어 드리는 제물은 규례에 따라 수송아지와 숫양과 어린 숫양들에 맞게 준비하여라. 매일 바치는 번제와 거기에 딸린 곡식 제물과 부어 드리는

제물 외에, 숫염소 한 마리를 속죄 제물로 가져오너라.

20-22 셋째 날에는 수송아지 열한 마리, 숫양 두 마리, 일 년 된 어린 숫양 열네 마리를 가져오너라. 그것들은 모두 건강한 것이어야 한다. 곡식 제물과 부어 드리는 제물은 규례에 따라 수송아지와 숫양과 어린 숫양들에 맞게 준비하여라. 매일 바치는 번제와 거기에 딸린 곡식 제물과 부어 드리는 제물 외에, 숫염소 한 마리를 속죄 제물로 가져오너라.

23-25 넷째 날에는 수송아지 열 마리, 숫양 두 마리, 일 년 된 어린 숫양 열네 마리를 가져오너라. 그것들은 모두 건강한 것이어야 한다. 곡식 제물과 부어 드리는 제물은 규례에 따라 수송아지와 숫양과 어린 숫양들에 맞게 준비하여라. 매일 바치는 번제와 거기에 딸린 곡식 제물과 부어 드리는 제물 외에, 숫염소 한 마리를 속죄 제물로 가져오너라.

26-28 다섯째 날에는 수송아지 아홉 마리, 숫양 두 마리, 일 년 된 어린 숫양 열네 마리를 가져오너라. 그것들은 모두 건강한 것이어야 한다. 곡식 제물과 부어 드리는 제물은 규례에 따라 수송아지와 숫양과 어린 숫양들에 맞게 준비하여라. 매일 바치는 번제와 거기에 딸린 곡식 제물과 부어 드리는 제물 외에, 숫염소 한 마리를 속죄 제물로 가져오너라.

29-31 여섯째 날에는 수송아지 여덟 마리, 숫양 두 마리, 일 년 된 어린 숫양 열네 마리를 가져오너라. 그것들은 모두 건강한 것이어야 한다. 곡식 제물과 부어 드리는 제물은 규례에 따라 수송아지와 숫양과 어린 숫양들에 맞게 준비하여

라. 매일 바치는 번제와 거기에 딸린 곡식 제물과 부어 드리는 제물 외에, 숫염소 한 마리를 속죄 제물로 가져오너라.

32-34 일곱째 날에는 수송아지 일곱 마리, 숫양 두 마리, 일 년 된 어린 숫양 열네 마리를 가져오너라. 그것들은 모두 건강한 것이어야 한다. 곡식 제물과 부어 드리는 제물은 규례에 따라 수송아지와 숫양과 어린 숫양들에 맞게 준비하여라. 매일 바치는 번제와 거기에 딸린 곡식 제물과 부어 드리는 제물 외에, 숫염소 한 마리를 속죄 제물로 가져오너라.

35-38 여덟째 날에는 거룩한 예배로 모이고, 평소에 하던 일은 아무것도 하지 마라. 하나님을 기쁘게 하는 향기로 불살라 바치는 제물, 곧 번제물을 가져오되, 수송아지 한 마리, 숫양 한 마리, 일 년 된 어린 숫양 일곱 마리를 가져오너라. 그것들은 모두 건강한 것이어야 한다. 곡식 제물과 부어 드리는 제물은 규례에 따라 수송아지와 숫양과 어린 숫양들에 맞게 준비하여라. 매일 바치는 번제와 거기에 딸린 곡식 제물과 부어 드리는 제물 외에, 숫염소 한 마리를 속죄 제물로 가져오너라.

39 너희가 절기를 맞아 모일 때마다 번제와 곡식 제물과 부어 드리는 제물과 화목 제물을 하나님에게 바쳐라. 이것은 너희가 개인적으로 바치는 서원 제물과 자원 제물 외에 별도로 바쳐야 하는 제물이다."

40 모세는 하나님께서 명령하신 모든 것을 이스라엘 백성에게 알려 주었다.

서원

30
¹⁻² 모세가 이스라엘 백성 각 지파의 우두머리들에게 말했다. "**하나님**께서 이렇게 명령하십니다. '남자가 **하나님**에게 서원하거나 무엇을 하겠다고 맹세한 경우, 그는 자신이 한 말을 어겨서는 안된다. 그는 자신이 말한 대로 정확히 지켜야 한다.

³⁻⁵ 여자가 어릴 때 자기 아버지의 집에 살면서 **하나님**에게 서원하거나 서약한 경우, 아버지가 그녀의 서원이나 서약을 듣고도 아무 말 하지 않으면, 그녀는 자신의 서원과 서약을 모두 지켜야 한다. 그러나 아버지가 그 서원이나 서약을 듣고 그녀를 만류하면, 그 서원과 서약은 무효가 된다. 아버지가 그녀를 말렸으므로, **하나님**이 그녀를 놓아줄 것이다.

⁶⁻⁸ 여자가 서원을 하거나 경솔하게 약속하거나 분별없이 서약하고 나서 시집을 간 경우, 남편이 그것을 듣고도 그녀에게 아무 말 하지 않으면, 그 여자는 자신이 서원하고 서약한 대로 행해야 한다. 그러나 남편이 그 서원을 듣고 막으면, 그녀를 묶고 있는 서원과 서약을 남편이 취소시킨 것이니, **하나님**이 그녀를 놓아줄 것이다.

⁹ 과부나 이혼한 여자가 한 서원이나 서약은 그대로 구속력이 있다.

¹⁰⁻¹⁵ 아내가 남편과 함께 살면서 서원을 하거나 맹세로 서약한 경우, 남편이 그것을 듣고도 아무 말 하지 않거나 그녀에게 그렇게 하지 말라고 하지 않으면, 그녀의 서원과 서약

은 모두 유효하다. 그러나 남편이 그녀의 서원과 서약을 듣고 즉시 그것을 취소시키면, 그 서원과 서약은 구속력이 없다. 남편이 취소시킨 것이니, **하나님**이 그녀를 놓아줄 것이다. 아내가 한 서원과 서약이 그녀에게 해를 입힐 가능성이 있는 경우, 남편은 그녀의 서원과 서약을 지지할 수도 있고 취소시킬 수도 있다. 그러나 남편이 잠잠하고 그 다음날에도 거론하지 않으면, 그는 아내의 서원과 서약을 승인한 것이다. 그녀는 자신의 서원과 서약을 다 지켜야 한다. 남편이 그녀의 말을 듣고도 아무 말을 하지 않았으므로, 아내는 자신의 서원과 서약에 매이게 된 것이다. 그러나 남편이 그녀의 말을 듣고 얼마 지나서야 취소시키면, 그가 아내의 죄를 떠맡아야 한다.'"

¹⁶ 이것은 남편과 아내 사이, 아버지와 아버지 집에 사는 어린 딸 사이의 처리법에 관해 **하나님**께서 모세에게 내리신 규례다.

미디안 전쟁

31 ¹⁻² **하나님**께서 모세에게 말씀하셨다. "미디안 사람에게 이스라엘 백성의 원수를 갚아라. 그런 다음에 너는 네 조상에게 돌아가게 될 것이다."

³⁻⁴ 모세가 백성에게 말했다. "미디안과 싸워 미디안에 대한 **하나님**의 원수를 갚을 사람들을 이스라엘 각 지파에서 천 명씩 모집하여 전쟁에 내보내십시오."

5-6 그리하여 이스라엘 각 지파에서 천 명씩, 모두 만이천 명을 모집하여 전투 부대를 편성했다. 모세는 각 지파에서 천 명씩을 전쟁에 내보냈다. 엘르아살의 아들 비느하스도 제사장 신분으로 입대하여 거룩한 기구와 신호용 나팔을 맡았다.

7-12 그들은 **하나님**께서 모세에게 명령하신 대로 미디안을 공격하여, 최후의 한 사람까지 다 죽였다. 죽은 자들 중에는 에위, 레겜, 수르, 후르, 레바 등 미디안의 다섯 왕도 있었다. 그들은 브올의 아들 발람도 칼로 베어 죽였다. 이스라엘 백성은 미디안 여자들과 아이들을 포로로 잡고, 그들의 모든 짐승과 가축과 재산을 전리품으로 취했다. 그들은 미디안 사람이 살던 모든 성읍과 막사를 잿더미로 만들고, 모든 물자와 사람과 짐승을 닥치는 대로 노획했다. 그들은 포로와 노획물과 전리품을 끌고, 요단-여리고 앞 모압 평야에 진을 치고 있던 모세와 제사장 엘르아살과 이스라엘 공동체로 돌아왔다.

13-18 모세와 제사장 엘르아살과 회중의 모든 지도자가 부대를 맞으러 진 밖으로 나갔다. 모세는 전장에서 돌아오는 군 지휘관인 천부장과 백부장들에게 화를 냈다. "이게 무슨 짓이오! 이 여자들을 살려 두다니! 저들은 브올 사건 때 발람의 지시에 따라 이스라엘 백성을 꾀어 **하나님**으로부터 멀어지게 하고, 전염병을 촉발시켜 **하나님**의 백성을 치게 한 장본인들이오. 그러니 그대들은 일을 마무리하시오. 사내아이들은 모두 죽이고, 남자와 잠자리를 같이한 여자들도 모두

죽이시오. 그들보다 어린 처녀들은 그대들을 위해 살려 두어도 좋소.

19-20 이제 그대들은 이렇게 하시오. 진 밖에 장막을 치시오. 사람을 죽였거나 주검을 만진 사람은 모두 칠 일 동안 진 밖에 머물러야 합니다. 삼 일째 되는 날과 칠 일째 되는 날에 그대들과 그대들이 잡아 온 포로들을 정결하게 하시오. 모든 옷가지와 기구를 정결하게 하시오. 가죽으로 만든 것이든, 염소 털로 짠 것이든, 나무로 만든 것이든 모두 정결하게 하시오."

21-24 제사장 엘르아살이 전쟁에서 싸운 군사들에게 말했다. "이것은 **하나님**께서 모세에게 계시로 주신 규정입니다. 금과 은과 청동과 쇠와 주석과 납 등 불에 타지 않는 것은 모두 불에 넣었다가 꺼내야 합니다. 그러면 정결하게 될 것입니다. 그런 다음에는 정결하게 하는 물로 씻어야 합니다. 불에 타는 것은 무엇이든 그 물에 담갔다가 꺼내야 합니다. 칠 일째 되는 날에 그대들의 옷을 깨끗이 빨면, 여러분은 정결하게 될 것입니다. 그런 뒤에야 여러분은 진으로 돌아올 수 있습니다."

25-27 **하나님**께서 모세에게 말씀하셨다. "너와 제사장 엘르아살과 공동체에 속한 각 가문의 지도자들은 사로잡아 온 사람과 짐승의 수를 세어라. 전리품을 절반으로 나누어, 반

은 전투를 치른 군사들에게 주고 반은 회중에게 주어라.

²⁸⁻³⁰ 군사들이 차지한 노획물은 사람이든 소든 나귀든 양이든, 오백분의 일의 비율로 세를 부과하여라. 그것은 **하나님**의 몫이니, 그들이 받은 절반의 몫에서 거두어 **하나님** 대신 제사장 엘르아살에게 넘겨주어라. 회중이 받은 절반은 사람이든 소든 나귀든 양이든 염소든 다른 짐승이든, 오십분의 일의 비율로 세를 부과하여라. 그것을 **하나님**의 성막 관리를 맡은 레위인에게 주어라."

³¹ 모세와 엘르아살은 **하나님**께서 모세에게 명령하신 대로 행했다.

³²⁻³⁵ 군대가 **빼앗아** 온 전리품 가운데 남은 것은 이러하다.
양 675,000마리
소 72,000마리
나귀 61,000마리
처녀 32,000명.

³⁶⁻⁴⁰ 전쟁에서 싸운 군사들이 차지한 절반의 몫은 이러하다.
양 337,500마리, 그중 675마리를 **하나님** 몫으로 드렸다.
소 36,000마리, 그중 72마리를 **하나님** 몫으로 드렸다.
나귀 30,500마리, 그중 61마리를 **하나님** 몫으로 드렸다.
사람 16,000명, 그중 32명을 하나님 몫으로 드렸다.

⁴¹ 모세는 이 세금을 **하나님** 몫으로 떼어 제사장 엘르아살에게 주었다. 이렇게 모세는 **하나님**께서 지시하신 대로 행

했다.

42-46 모세가 전쟁에 나갔던 사람들에게서 떼어 이스라엘 공동체에 나누어 준 나머지 절반은 이러하다.

양 337,500마리

소 36,000마리

나귀 30,500마리

사람 16,000명.

47 모세는 하나님께서 지시하신 대로 이스라엘 백성에게 돌아간 절반에서 사람이든 짐승이든, 오십분의 일을 떼어 하나님의 성막 관리를 맡은 레위인에게 주었다.

48-50 군지휘관인 천부장과 백부장들이 모세에게 와서 말했다. "우리가 우리 수하의 군사들을 세어 보았는데, 한 사람도 잃어버리지 않았습니다. 그래서 우리가 하나님께 드릴 예물을 가져왔습니다. 하나님 앞에서 우리 삶을 속죄하려고 우리가 얻은 금패물인 팔장식, 팔찌, 반지, 귀걸이, 장신구를 가져왔습니다."

51-54 모세와 제사장 엘르아살은 그들에게서 정교하게 세공된 온갖 금패물을 받았다. 모세와 엘르아살이 천부장과 백부장들에게서 받아 하나님께 예물로 드린 금의 무게는 약 185킬로그램이었다. 이것은 모두 노획물을 차지한 군사들이 기부한 것이다. 모세와 엘르아살은 천부장과 백부장들에게서 받은 금을 회막으로 가져가, 하나님 앞에서 이스라

백성을 위한 기념물로 삼았다.

요단 강 동쪽 지파들

32 ¹⁻⁴ 르우벤 자손과 갓 자손은 엄청나게 많은 수의 가축 떼를 소유하고 있었다. 그들이 야셀 땅과 길르앗 땅을 살펴보니, 가축을 방목하기에 알맞은 곳이었다. 그래서 갓 자손과 르우벤 자손은 모세와 제사장 엘르아살과 회중의 지도자들에게 가서 말했다. "아다롯, 디본, 야스엘, 니므라, 헤스본, 엘르알레, 스밤, 느보, 브온, 곧 하**나님**께서 이스라엘 공동체 앞에서 쳐서 멸하신 땅은 가축에게 더없이 좋은 땅입니다. 그리고 우리에게는 가축 떼가 있습니다."

⁵ 그들은 말을 이었다. "우리가 이제까지 일을 잘했다고 여기시면 이 땅을 우리에게 유산으로 주셔서, 우리가 요단 강을 건너지 않게 해주십시오."

⁶⁻¹² 모세가 갓 자손과 르우벤 자손에게 말했다. "전쟁이 임박했는데 형제들에게 떠넘기고, 여러분만 여기에 정착하겠다는 것이오? 이제 곧 이스라엘 백성이 **하나님**께서 주신 땅으로 들어가려고 하는데, 여러분은 어찌하여 형제들을 실망시키고 그들의 사기마저 떨어뜨리려고 합니까? 내가 저 땅을 정탐하라고 가데스바네아에서 여러분의 조상을 보냈을 때에 그들이 한 짓과 똑같군요. 그들은 에스골 골짜기까지 가서 한 번 훑어보고는 포기하고 말았습니다. 그들은 이

스라엘 백성의 사기를 완전히 꺾어서, **하나님**께서 그들에게
주신 땅으로 들어가지 못하게 했습니다. 그러자 **하나님**께서
참으로 진노하셔서 이렇게 맹세하셨습니다. '그들은 그 땅
을 결코 보지 못할 것이다. 이집트에서 나온 사람들 가운데
스무 살 이상 된 자는, 내가 아브라함과 이삭과 야곱에게 약
속한 땅을 결코 보지 못할 것이다. 그들은 나를 따르는 일에
관심이 없었다. 마음도 없었다. 그나스 사람 여분네의 아들
갈렙과 눈의 아들 여호수아 외에는, 아무도 나를 따르지 않
았다. 이 두 사람만 나를 따르고, 그 일에 마음이 있었다.'

13 **하나님**께서 이스라엘에게 진노하셔서, 그분의 눈앞에서
악을 행한 그 세대가 모두 죽어 없어질 때까지, 사십 년 동
안 그들을 광야에서 헤매게 하셨습니다.

14-15 그런데 이제는 여러분이 여러분 조상 대신 또 하나의
죄인 무리가 되어, 이미 이스라엘을 향해 활활 타오르고 있
는 **하나님**의 진노에 기름을 끼얹으려 하는군요. 여러분이
하나님을 따르지 않으면, 그분께서 다시 한번 진노하셔서
이스라엘을 광야에 내버리실 것입니다. 여러분의 모든 잘못
때문에 그 재앙이 닥치게 될 것입니다."

16-19 그러자 그들이 모세에게 가까이 다가와 말했다. "우리
는 그저 우리 가축을 위해 축사를 짓고, 우리 가족을 위해
성읍을 세우려는 것뿐입니다. 그런 다음에 무기를 들고 최
전방에 서서, 이스라엘 백성을 그들이 살 곳으로 이끌고 가
겠습니다. 그러면 우리는 가족들을 뒤에 남겨 두고 떠날 수

있을 테고, 우리 가족들은 요새화된 성읍 안에 머물면서 이
땅 주민들로부터 안전하게 지낼 수 있을 것입니다. 이스라
엘 자손이 저마다 유산을 충분히 차지할 때까지, 우리는 집
으로 돌아오지 않을 것입니다. 우리가 요단 강 동쪽에서 유
산을 차지했으니, 요단 강 서쪽에서는 어떤 유산도 바라지
않겠습니다."

20-22 모세가 말했다. "여러분이 말한 대로 하나님 앞에서 무
장을 하고 우리와 함께 요단 강을 건너가서, 하나님께서 자
기 원수들을 그 땅에서 쓸어 내실 때까지 하나님 앞에서 싸
워 그 땅을 정복하면, 여러분은 하나님과 이스라엘에 대한
여러분의 의무를 다한 셈이 될 것입니다. 그제야 이 땅이 하
나님 앞에서 여러분의 소유가 될 것입니다.

23-24 그러나 여러분이 말한 대로 하지 않으면, 여러분은 하
나님께 죄를 짓는 것입니다. 그러면 여러분은 그 죄에서 벗
어나지 못한다는 것을 잘 알 것입니다. 자, 가십시오. 여러
분의 가족을 위해 성읍을 세우고, 여러분의 가축을 위해 축
사를 지으십시오. 여러분이 한 말을 꼭 지키십시오."

25-27 갓 자손과 르우벤 자손이 모세에게 말했다. "우리는 주
인님의 명령대로 할 것입니다. 우리의 자녀와 아내들, 우리
의 양 떼와 소 떼는 이곳 길르앗의 성읍들에 머물게 하겠습
니다. 그러나 우리는 모두 주인님이 말씀하신 대로, 완전 무
장을 하고 강을 건너가, 하나님을 위해 싸우겠습니다."

28-30 모세는 그들을 위해 제사장 엘르아살과 눈의 아들 여호

수아와 이스라엘 백성 각 지파의 우두머리들에게 지시를 내렸다. "갓 자손과 르우벤 자손이 무장을 하고서, **하나님** 앞에서 싸우기 위해 여러분과 함께 요단 강을 건너가 그 땅을 정복하면, 여러분은 그들에게 길르앗 땅을 유산으로 주십시오. 그러나 여러분과 함께 건너가지 않으면, 그들은 여러분과 함께 가나안 땅에 정착해야 할 것입니다."

31-32 갓 자손과 르우벤 자손이 대답했다. "우리가 **하나님**께서 말씀하신 대로 하겠습니다. **하나님** 앞에서 요단 강을 건너가, 기꺼이 싸우겠습니다. 다만 우리가 유산으로 받을 땅은 이곳 요단 강 동쪽이 되게 해주십시오."

33 모세는 갓 자손과 르우벤 자손과 요셉의 아들 므낫세 반쪽 지파에게, 아모리 왕 시혼의 나라와 바산 왕 옥의 나라 전체, 곧 그 땅과 그 땅에 세워진 성읍들과 주변의 모든 영토를 주었다.

34-36 갓 자손은 디본, 아다롯, 아로엘, 아다롯소반, 야스엘, 욕브하, 벳니므라, 벳하란을 요새화된 성읍들로 재건했다. 그들은 가축을 위한 축사도 지었다.

37-38 르우벤 자손은 헤스본, 엘르알레, 기랴다임을 재건하고, 느보와 바알므온, 십마도 재건했다. 그들은 자신들이 재건한 성읍들에 새 이름을 붙였다.

39-40 므낫세의 아들 마길의 집안은 길르앗으로 가서 그곳을 점령하고, 거기 살던 아모리 사람을 내쫓았다. 그러자 모세는 길르앗을 므낫세의 후손인 마길 자손에게 주었다. 그들

은 그곳으로 이주하여 정착했다.

⁴¹ 므낫세의 다른 아들 야일은 마을 몇 개를 점령하고, 그곳을 하봇야일(야일의 장막촌)이라고 했다.

⁴² 노바는 그낫과 그 주변 진들을 점령하고, 자기 이름을 따서 그곳을 노바라고 했다.

라암셋에서 요단-여리고까지

33

¹⁻² 이스라엘 백성이 모세와 아론의 지휘 아래 부대를 편성하여 이집트를 떠나 행진하면서 진을 쳤던 곳은 이러하다. 모세는 **하나님**의 지시에 따라, 그들이 이동할 때마다 진을 친 곳을 하나하나 일지에 기록했다. ³⁻⁴ 그들은 유월절 다음날에 라암셋에서 나왔다. 그날은 첫째 달 십오일이었다. 그들은 고개를 들고 당당하게 행진하여 나왔다. 이집트 사람들은 **하나님**께서 처죽이신 맏아들을 장사하는 데 여념이 없어, 그들이 떠나가는 것을 그저 바라보기만 했다. **하나님**께서는 그들의 신들이 얼마나 터무니없는지 여실히 드러내셨다.

⁵⁻³⁶ 이스라엘 백성은

라암셋을 떠나 숙곳에 진을 쳤다.

숙곳을 떠나서는 광야 가장자리에 있는 에담에 진을 쳤다.

에담을 떠나서는 바알스본 동쪽 비하히롯으로 돌아가 믹돌 근처에 진을 쳤다.

비하히롯을 떠나서는 바다를 건너 광야로 들어갔다. 에담
광야에서 사흘길을 걸어 마라에 진을 쳤다.
마라를 떠나서는 샘 열두 개와 야자나무 일흔 그루가 있는
엘림에 이르러 진을 쳤다.
엘림을 떠나서는 홍해 옆에 진을 쳤다.
홍해를 떠나서는 신 광야에 진을 쳤다.
신 광야를 떠나서는 돕가에 진을 쳤다.
돕가를 떠나서는 알루스에 진을 쳤다.
알루스를 떠나서는 르비딤에 진을 쳤다. 그곳에는 백성이
마실 물이 없었다.
르비딤을 떠나서는 시내 광야에 진을 쳤다.
시내 광야를 떠나서는 기브롯핫다아와에 진을 쳤다.
기브롯핫다아와를 떠나서는 하세롯에 진을 쳤다.
하세롯을 떠나서는 릿마에 진을 쳤다.
릿마를 떠나서는 림몬베레스에 진을 쳤다.
림몬베레스를 떠나서는 립나에 진을 쳤다.
립나를 떠나서는 릿사에 진을 쳤다.
릿사를 떠나서는 그헬라다에 진을 쳤다.
그헬라다를 떠나서는 세벨 산에 진을 쳤다.
세벨 산을 떠나서는 하라다에 진을 쳤다.
하라다를 떠나서는 막헬롯에 진을 쳤다.
막헬롯을 떠나서는 다핫에 진을 쳤다.
다핫을 떠나서는 데라에 진을 쳤다.

데라를 떠나서는 밋가에 진을 쳤다.

밋가를 떠나서는 하스모나에 진을 쳤다.

하스모나를 떠나서는 모세롯에 진을 쳤다.

모세롯을 떠나서는 브네야아간에 진을 쳤다.

브네야아간을 떠나서는 홀하깃갓에 진을 쳤다.

홀하깃갓을 떠나서는 욧바다에 진을 쳤다.

욧바다를 떠나서는 아브로나에 진을 쳤다.

아브로나를 떠나서는 에시온게벨에 진을 쳤다.

에시온게벨을 떠나서는 신 광야에 있는 가데스에 진을 쳤다.

37-39 그들이 가데스를 떠나 에돔 경계에 있는 호르 산에 진을 치고 나서, 제사장 아론이 **하나님**의 명령에 따라 호르 산으로 올라가 그곳에서 죽었다. 그날은 이스라엘 백성이 이집트를 떠난 지 사십 년 되는 해 다섯째 달 첫째 날이었다. 아론이 호르 산에서 죽을 때 백스물세 살이었다.

40 가나안의 네겝 지역에서 다스리던 가나안 사람 아랏 왕이, 이스라엘 백성이 도착했다는 소식을 들었다.

41-47 그들은 호르 산을 떠나 살모나에 진을 쳤다.

살모나를 떠나서는 부논에 진을 쳤다.

부논을 떠나서는 오봇에 진을 쳤다.

오봇을 떠나서는 모압 경계에 있는 이예아바림에 진을 쳤다.

이임을 떠나서는 디본갓에 진을 쳤다.

디본갓을 떠나서는 알몬디블라다임에 진을 쳤다.

알몬디블라다임을 떠나서는 느보가 보이는 아바림(강 저편)
산지에 진을 쳤다.

⁴⁸⁻⁴⁹ 그들은 아바림 산지를 떠나 요단-여리고 앞 모압 평야
에 진을 쳤다. 모압 평야에 자리한 그들의 진은 요단 강가
를 따라 벳여시못에서 아벨싯딤(아카시아 초원)까지 뻗어 있
었다.

⁵⁰⁻⁵³ **하나님**께서 요단-여리고 앞 모압 평야에서 모세에게
말씀하셨다. "너는 이스라엘 백성에게 이렇게 일러 주어라.
너희가 요단 강을 건너 가나안 땅에 들어가면, 그 땅 주민들
을 너희 앞에서 쫓아내고, 그들이 돌에 새긴 우상과 부어 만
든 신상들을 부수고, 그들의 산당들을 허물어뜨려라. 그 땅
을 점령하고, 거기서 마음 편히 살아라. 내가 그 땅을 너희
에게 주었다. 그 땅은 너희 것이다.

⁵⁴ 그 땅을 가문의 규모에 따라 제비를 뽑아 나누어 주어라.
큰 가문에는 큰 토지를 나누어 주고 작은 가문에는 작은 토
지를 나누어 주되, 제비가 뽑히는 대로 하여라. 너희 조상의
지파에 따라 그 땅을 나누어 주어라.

⁵⁵⁻⁵⁶ 그러나 너희가 그 땅 주민을 쫓아내지 않으면, 너희가
남겨 놓은 자들이 너희 눈에 먼지가 되고 너희 발에 가시가
될 것이다. 그들이 바로 너희 뒷마당에 살면서 너희를 끊임

없이 괴롭힐 것이다. 그러면 내가 그들을 다루기로 마음먹
었던 대로 너희를 다룰 것이다."

각 지파가 유산으로 받을 땅

34 ¹⁻² 하나님께서 모세에게 말씀하셨다. "이스라엘
백성에게 명령하여라. 그들에게 이렇게 일러 주
어라. 너희가 가나안 땅에 들어갈 때, 너희가 유산으로 받게
될 땅의 경계는 이러하다.

³⁻⁵ 남쪽 경계는 에돔과 맞닿은 신 광야 일부를 포함한 사해
동쪽에서 시작되어 전갈 고개를 돌아 신에 이르고, 거기서
가데스바네아 남쪽으로 이어지다가, 하살아달을 지나 아스
몬에 이른다. 그 경계는 다시 북쪽 이집트 시내로 방향을 틀
어 지중해에 이른다.

⁶ 서쪽 경계는 지중해다.

⁷⁻⁹ 북쪽 경계는 지중해에서 호르 산까지 이어지고, 또 호르
산에서 르보하맛까지 이어져 스닷에 이르고, 거기서 시브론
으로 이어지다가 하살에난에서 끝난다. 이것이 너희 땅의
북쪽 경계다.

¹⁰⁻¹² 동쪽 경계는 하살에난에서 스밤까지 이어지고, 다시 스
밤에서 아인 동쪽 리블라까지 갔다가, 갈릴리 바다 동쪽 비
탈을 끼고 이어진다. 거기서 요단 강을 따라 내려가다가 사
해에서 끝난다.

이것이 너희 땅의 사방 경계다."

13-15 모세가 이스라엘 백성에게 명령했다. "이것이 바로 여러분이 제비를 뽑아 유산으로 나누어 받을 땅입니다. **하나님**께서 그 땅을 아홉 지파와 반쪽 지파에게 주라고 명령하셨습니다. 르우벤 지파와 갓 지파와 므낫세 반쪽 지파는 이미 자신들의 유산을 받았습니다. 이 두 지파와 반쪽 지파는 요단-여리고 동쪽, 해 뜨는 곳에서 자신들의 유산을 받았습니다."

16-19 **하나님**께서 모세에게 말씀하셨다. "그 땅을 유산으로 나누어 주는 일을 맡을 사람은 제사장 엘르아살과 눈의 아들 여호수아다. 각 지파에서 지도자 한 명씩을 임명하여, 그들이 땅을 나누어 주는 일을 돕게 하여라. 너희가 임명할 사람들은 이러하다.

19-28 유다 지파에서는 여분네의 아들 갈렙

시므온 지파에서는 암미훗의 아들 스무엘

베냐민 지파에서는 기슬론의 아들 엘리닷

단 지파에서는 요글리의 아들 북기 족장

요셉의 아들 므낫세 지파에서는 에봇의 아들 한니엘 족장

요셉의 아들 에브라임 지파에서는 십단의 아들 그무엘 족장

스불론 지파에서는 바르낙의 아들 엘리사반 족장

잇사갈 지파에서는 앗산의 아들 발디엘 족장

아셀 지파에서는 슬로미의 아들 아히훗 족장

납달리 지파에서는 암미훗의 아들 브다헬 족장이다."

²⁹ 이들은 가나안 땅에서 이스라엘 백성에게 땅을 유산으로 나누어 주도록 하나님께 명령받은 사람들이다.

레위인에게 줄 성읍과 도피성

35

¹⁻³ 하나님께서 요단-여리고 앞 모압 평야에서 모세에게 말씀하셨다. "이스라엘 백성에게 명령하여, 그들이 받는 유산 가운데서 레위인이 거주할 성읍을 내어주게 하여라. 그 성읍 주위에는 반드시 풍부한 목초지가 있어야 한다. 그들이 거주할 성읍과 소 떼와 양 떼와 모든 가축을 위한 목초지를 제공하고, 그들을 잘 보살펴라.

⁴⁻⁵ 레위인의 성읍을 에워싼 목초지는 성벽 둘레로부터 바깥쪽으로 사방 450미터까지 이르는 지역이어야 한다. 목초지의 바깥쪽 경계는 성읍을 중심으로 해서 동쪽으로 900미터, 남쪽으로 900미터, 서쪽으로 900미터, 북쪽으로 900미터를 재어야 한다. 그렇게 하면 레위인이 거주하는 성읍마다 목초지를 제공할 수 있을 것이다.

⁶⁻⁸ 너희가 레위인에게 줄 성읍들 가운데서 여섯 개를 도피성으로 삼아, 실수로 사람을 죽인 자가 피신할 수 있게 하여라. 이 밖에도 성읍 마흔두 개를 별도로 레위인에게 내어주어라. 너희는 레위인에게 모두 성읍 마흔여덟 개와 거기에 딸린 목초지를 내어주어야 한다. 이스라엘 백성의 공동 소유 가운데서 레위인에게 성읍을 내어줄 때는 지파의 크기에 따라 떼어 주어야 한다. 수가 많은 지파는 성읍을

많이 내어주고, 수가 적은 지파는 적게 내어주면 된다."

9-15 **하나님**께서 모세에게 말씀하셨다. "이스라엘 백성에게 전하여라. 그들에게 이렇게 일러 주어라. 너희가 요단 강을 건너 가나안 땅으로 들어가거든, 성읍 몇 개를 도피성으로 지정하여 실수로 사람을 죽게 한 자가 피신할 수 있게 하여 라. 그 성읍들을 복수하는 자를 피할 도피성으로 삼아, 사람 을 죽게 한 자가 법정에 출두하기 전에 공동체 앞에서 살해 되는 일이 없게 하여라. 성읍 여섯 개를 도피성으로 마련하 여라. 그 가운데 세 개는 요단 강 동쪽에 두고 세 개는 가나 안 본토에 두어, 이스라엘 백성과 외국인과 임시 거류민과 방문객에게도 도피성이 되게 하여라. 누구든지 실수로 사람 을 죽게 한 자가 그곳으로 달려갈 수 있게, 성읍 여섯 개를 도피성으로 두어라.

16 그러나 실수로 사람을 죽게 한 자가 쇠 연장을 사용한 경 우, 그것은 명백한 살인 행위다. 그는 살인자이므로 사형에 처해야 한다.

17 누가 사람을 죽일 만큼 큰 돌을 손에 쥐고 있다가 사람을 죽게 한 경우, 그것도 살인이다. 그는 살인자이므로 사형에 처해야 한다.

18 누가 사람을 죽일 만큼 육중한 나무 연장을 들고 다니다 가 사람을 죽게 한 경우, 그것도 살인이다. 그는 살인자이므 로 사형에 처해야 한다.

¹⁹ 이러한 경우에, 복수하는 자는 살인자를 만나는 즉시 죽일 권리가 있다. 그는 살인자를 현장에서 죽여도 된다.

²⁰⁻²¹ 누가 들끓는 증오심으로 사람을 밀치거나 매복해 있다가 무언가를 던져서 사람을 죽게 한 경우, 또는 홧김에 주먹으로 쳐서 사람을 죽게 한 경우, 그것도 살인이다. 그는 사형에 처해야 한다. 복수하는 자는 그를 붙잡는 즉시 죽일 권리가 있다.

²²⁻²⁷ 그러나 누가 원한 없이 충동적으로 사람을 밀치거나, 성급하게 무언가를 집어 던지거나, 사람이 있는 줄 모르고 실수로 망치 같은 연장을 떨어뜨려서 사람을 죽게 한 경우, 두 사람 사이에 원한이 있다고 의심할 만한 점이 없으면, 공동체는 이 지침에 따라 우발적 살인자와 복수하는 자 사이를 판가름해야 한다. 우발적 살인자를 복수하는 자의 손에서 구하는 것이 공동체의 의무다. 공동체는 그 살인 혐의자를 그가 피신해 있던 도피성으로 돌려보내야 한다. 거룩한 기름을 부어 세운 대제사장이 죽을 때까지, 그는 그곳에 머물러야 한다. 그러나 살인자가 자신이 피신해 있던 도피성을 떠났는데, 복수하는 자가 도피성의 경계 밖에 있다가 그를 발견한 경우, 복수하는 자는 그 살인자를 죽일 권리가 있다. 그 복수하는 자에게는 살인죄가 성립되지 않는다.

²⁸ 그러므로 살인자는 대제사장이 죽을 때까지 도피성에 머물러야 한다. 그는 대제사장이 죽은 뒤에야 자기 땅으로 돌아갈 수 있다."

❖

29 "이것은 너희가 어디서 살든지, 지금부터 대대로 따라야 할 재판 절차다.

30 누구든지 사람을 죽인 자는 목격자의 증언이 있어야 처형할 수 있다. 그러나 한 사람의 증언만으로는 살인자를 처형할 수 없다.

31 뇌물을 받고 살인자의 목숨을 살려 주는 일이 없게 하여라. 그는 유죄이므로 사형을 받아 마땅하다. 반드시 그를 처형해야 한다.

32 도피성으로 피신해 있는 자에게 뇌물을 받고, 대제사장이 죽기 전에 그를 자기 땅으로 돌려보내어 살게 해주어서는 안된다.

33 너희가 사는 땅을 더럽히지 마라. 살인은 땅을 더럽힌다. 살인한 자의 피가 아니고는 그 땅에서 살인의 피를 씻을 수 없다.

34 너희가 사는 땅을 더럽히지 마라. 나도 그 땅에 살기 때문이다. 나 하나님은, 이스라엘 백성이 사는 곳에 같이 살고 있다."

유산을 받은 슬로브핫의 딸들

36

1 요셉 자손의 가문 가운데 므낫세의 손자이자 마길의 아들인 길르앗 가문의 우두머리들이, 모

세와 이스라엘 백성의 지도자들인 각 집안의 우두머리들에
게 나아왔다.

2-4 그들이 말했다. "**하나님**께서 주인님께 명령하셔서 제비
를 뽑아 이스라엘 백성에게 땅을 유산으로 나누어 주라고
하셨을 때, 주인님께서는 우리의 형제 슬로브핫의 유산을
그의 딸들에게 넘겨주라는 **하나님**의 명령도 받으셨습니다.
그런데 그 딸들이 이스라엘 백성의 다른 지파 사람에게 시
집가면 어떻게 됩니까? 그들이 유산으로 받은 땅이 조상 대
대로 이어져 온 우리 지파에서 떨어져 나가, 그들이 시집간
지파에 더해질 것입니다. 그러면 이스라엘 백성에게 희년이
찾아와도, 그 딸들의 유산은 그들이 시집간 지파의 유산이
되고 말 것입니다. 그들의 땅이 우리 조상의 유산에서 떨어
져 나가고 마는 것입니다!"

5-9 모세가 **하나님**의 명령에 따라 이스라엘 백성에게 지시했
다. "요셉 자손 지파의 말이 옳습니다. **하나님**께서 슬로브
핫의 딸들에게 내리신 명령은 이러합니다. '자기 조상의 가
문 안에서 결혼하는 한, 그들은 자기가 선택한 사람과 결혼
할 수 있다. 이스라엘 백성이 유산으로 받은 땅이 이 지파
에서 저 지파로 넘어가서는 안된다. 각 지파가 유산으로 받
은 땅은 자기 지파에서 관리해야 한다. 지파를 불문하고, 땅
을 상속받은 딸은 누구나 자기 아버지 지파의 가문에 속한
남자에게만 시집가야 한다. 모든 이스라엘 자손은 유산으로
받은 땅이 자기 조상의 지파 안에 남아 있게 해야 한다. 유

산으로 받을 땅이 이 지파에서 저 지파로 넘어가서는 안된
다. 이스라엘 백성의 각 지파는 반드시 자기 땅을 굳게 붙들
어야 한다.'"

10-12 슬로브핫의 딸들은 **하나님**께서 모세에게 명령하신 대
로 행했다. 슬로브핫의 딸들, 곧 말라, 디르사, 호글라, 밀
가, 노아는 모두 자기 아버지의 조카인 사촌들과 결혼했다.
그들이 요셉의 아들 므낫세 집안으로 시집갔으므로, 그들
이 유산으로 받은 땅은 자기 아버지의 지파에 남아 있게 되
었다.

13 이것은 **하나님**께서 요단-여리고 앞 모압 평야에서 모세
의 권위를 통해 이스라엘 백성에게 내리신 명령과 규례다.